지구가
　　뜨거워서
　　　버스가
　　　　무료라고?

이상한 지구 여행 ⑧ 기후 정의

지구가 뜨거워서 버스가 무료라고?

초판 1쇄 인쇄 | 2024년 4월 18일
초판 1쇄 발행 | 2024년 4월 28일

지은이 | 장성익
그린이 | 하완
펴낸이 | 나힘찬

기획편집총괄 | 김영주
디자인총괄 | 고문화
사진출처 | 미국 국립암센터, 샹탈 베커(위르헨다 재단), 수라 나히브, 오비드 글로벌 탄소 프로젝트,
　　　　　위키피디아, 유엔 인도주의업무조정국, 청소년기후행동, 하비에르 산체스-몽주 에스카르도,
　　　　　호주 곤드와나 스튜디오, 호주 연합통신, KBS 뉴스광장, KGPA Ltd
인쇄총괄 | 야진북스
유통총괄 | 북패스

펴낸 곳 | 풀빛미디어
등록 | 1998년 1월 12일 제2021-000055호
주소 | (10411) 경기도 고양시 일산동구 정발산로 166번길 21-9
전화 | 031-903-0210
팩스 | 02-6455-2026
이메일 | sightman@naver.com

유튜브 | bit.ly/39lmTLT
홈페이지 | pulbitme.modoo.at
블로그 | blog.naver.com/pulbitme
트위터 | twitter.com/pulbit_media
인스타그램 | @pulbit_media_books
페이스북 | facebook.com/pulbitmedia

ISBN 978-89-6734-184-8 74300
ISBN 978-89-88135-95-2 (세트)

저작권법에 따라 보호받는 저작물이므로 무단 전재와 복제를 금합니다.
책값은 뒤표지에 있습니다.
파본은 구매하신 서점에서 바꾸어 드립니다.

▎어린이제품 안전특별법에 의한 기타표시사항 ▎
제품명 도서 | 제조자명 풀빛미디어 | 제조년월 2024년 4월 | 사용연령 8세 이상 | 제조국명 한국
주소 (10411) 경기도 고양시 일산동구 정발산로 166번길 21-9 | 전화번호 (031) 903-0210

책을 내면서

　알다시피 오늘날 지구 전체를 뒤흔드는 가장 심각한 환경문제는 기후 위기입니다. 일찍이 경험해 보지 못한 기후 재앙이 지구 곳곳을 강타하고 있습니다. 극심한 더위와 추위, 집중 호우, 혹독한 가뭄, 초대형 산불, 초강력 태풍, 급속한 바닷물 수위 상승 등이 대표적이지요. 이에 따른 피해도 눈덩이처럼 불어나고 있습니다.

　그런데 여러분, 혹시 이런 질문을 떠올려 보진 않았나요? 기후 위기의 피해가 모든 이에게 똑같이 돌아갈까? 피해를 가장 크게 당하는 이들은 누구일까? 이런 질문도 던져 볼 수 있겠지요. 기후 위기를 일으킨 책임의 크기 또한 모두가 똑같을까? 기후 위기는 인간이 석유 같은 화석연료를 흥청망청 사용하면서 온실가스를 지나치게 많이 배출한 탓에 발생한 일인데, 이 온실가스는 누가 가장 많이 내뿜을까?

 질문은 이렇게 이어집니다. 온실가스를 적게 배출하는 사람이, 즉 기후 위기에 별다른 책임이 없는 사람이 정작 기후 위기의 피해는 가장 크게 당한다면? 반면에 온실가스를 엄청 많이 배출했는데도, 다시 말해 기후 위기를 일으킨 주범인데도 정작 피해에서는 벗어나 있다면? 만약 현실이 이런 식으로 굴러간다면 세상은 어떻게 될까요? 이런 현실을 내버려두고서 기후 위기를 해결할 수 있을까요?

 기후 위기를 다룬 책은 많지만, 이 책이 특별히 주목한 것은 '기후 정의'라는 주제입니다. 기후 위기를 정의의 눈으로 들여다보자는 거지요. 기후 위기는 한마디로 잘사는 사람들이 끝없이 더 잘 살려고 탐욕을 부리는 바람에 지구가 더는 못 견디겠다고 내지르는 비명입니다. 이런 관점으로 기후 위기를 생각할 때 가장 먼저 떠올리게 되는 것이 바로 앞의 질문들입니다. 그리고 이런 질문들에 대한 답변을 찾아가다 보면 기후 위기를 둘러싼 여러 문제에 불평등, 불공정, 부정의가 깊이 아로새겨져 있다는 사실을 확인하게 됩니다.

그래서입니다. 정의라는 문제의식을 바탕에 깔고 살펴보아야 기후 위기 사태의 본질과 구조를 똑바로 이해할 수 있습니다. 또 그래야 기후 위기를 해결할 올바른 방법도 찾아낼 수 있습니다. 이 책에서 정의를 강조한 가장 중요한 이유가 여기에 있습니다.

기후 정의 이야기는 환경 이야기가 단지 자연 생태계만을 다루는 데서 끝나선 안 된다는 사실을 일깨워 줍니다. 환경문제는 정치, 경제, 사회, 문화 등 세상의 '다른 일'과 밀접한 관계를 맺고 있습니다. 특히 환경 위기는 자연뿐만 아니라 사람과 사회도 망가뜨린다는 점이 중요합니다. 기후 위기가 이를 잘 보여 줍니다. 이 책을 읽어 보면 알게 되겠지만, 오늘날 기후 재앙은 빈부격차를 비롯한 불평등 문제를 더욱 악화시키고 그 결과 인권과 정의를 심각하게 파괴하고 있습니다.

이렇듯 환경문제는 자연의 문제인 동시에 사람과 삶의 문제입니다. 사회적·정치적 문제이기도 합니다. 그러므로 환경을 살리는 것은 사람과 사회를 살리는 일이기도 합니다. 좁은 의미의 생태적 가치뿐만 아니라 정의, 평등, 인권, 민주주의 등의 가치도 소중합니다. 아니 어쩌면, 진정한 생태적 가치란 이런 다양한 가치를 보듬어 안고서 서로 하나가 될 때 비로소 완성되는 건지도 모릅니다. 정의의 관점은, 우리가 꿈꾸는 미래가 사람과 자연이 모두 잘 사는 세상이어야 함을, 곧 생태적으로 지속 가능한 동시에 사회적으로 정의로운 세상이어야 함을 전해 줍니다.

 기후 위기의 시곗바늘은 지금, 이 순간도 째깍째깍 어김없이 돌아가고 있습니다. 우리에겐 시간이 많지 않습니다. 더 큰 재난이 우리를 집어삼키기 전에 시급히 해결의 실마리를 찾아야 합니다.
 정의라는 나침반을 길잡이 삼아 기후 이야기를 펼친 이 책이 기후 위기 문제를 좀 더 깊이 있게 공부하는 데 도움이 되길 바랍니다. 나아가 이 책이 기후 위기를 이겨 내는 데 자그만 보탬이라도 된다면 더욱 좋겠습니다.

장성익

차례

책을 내면서 – 4

1장 ★ 지구가 울리는 비상벨 – 11

이 나라는 수도를 왜 옮길까? • 사라지는 나라들 • 기후 정의보다 먼저 알아야 할 환경 정의 • 기후가 뭐길래 • 지구의 반격, 기후 위기 • 기후 위기가 재앙인 이유

2장 ★ 기후 위기의 폭풍 속에서 – 39

'티핑 포인트' 이야기 • 기후 위기에 내 생존이 달렸다 • 끝없는 재앙 • 인간도 멸종한다고? • 시간은 우리 편이 아니다

3장 ★ 기후 위기의 책임을 묻자 – 67

"우리에게 무슨 죄가 있죠?" • 책임은 어디에? • 피해는 어디로? • 다르푸르의 비극 • 기후 위기로 더 부유해지는 나라들

4장 ★ 불평등으로 얼룩진 기후 위기 – 87

뉴올리언스와 뉴욕에서 이런 일이 • 맹수가 약자부터 잡아먹듯이 • 기울어진 운동장 • 비행기를 덜 타자 • 미래 세대, 여성, 다른 동식물은? • 기후 위기는 최악의 인권 파괴다

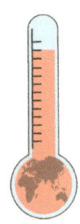

5장 ★ 기후 정의의 깃발 - 115

선진국들이 갚아야 할 빚 • 자금과 기술을 제공하라 • 파리협정의 빛과 그늘 • 평화를 위한 기후 정의 • 또 다른 무기, 기후 소송 • '기후 범죄'에는 국경도 시효도 없다

6장 ★ '탄소 중립'이 만병통치약일까 - 145

'탄소 중립'의 거대한 흐름 • 논과 습지에 죄가 있다고? • 핵발전은 절대 안 된다 • 바이오 연료의 실체를 들여다보니 • 기후 위기는 어디에 존재하는가?

7장 ★ 돈과 기술을 둘러싼 환상 - 167

전기 자동차의 겉과 속 • 지구 대기는 상품이 아니다 • 금지된 장난 • 양날의 칼 • 제국주의는 끝나지 않았다 • 개인에게 책임을 돌리지 마라 • 구조를 바꿔야 세상이 바뀐다

8장 ★ '탈성장'의 길로 - 201

경제도 달팽이처럼 • 지구도 살리고 사람도 살리고 • 대중교통을 무료로 했더니 • '정의로운 전환'을 위하여 • 우리 모두 잘 살려면

참고한 자료 - 226

1장

지구가 울리는 비상벨

이 나라는 수도를 왜 옮길까?

자카르타는 동남아시아에 있는 인도네시아의 수도입니다. 인구 1000만 명이 넘는 거대도시지요. 인도네시아는 1만 7000여 개의 섬을 거느린, 세계에서 섬이 가장 많은 나라입니다. 인구도 엄청나게 많습니다. 2억 7500만 명으로 세계에서 네 번째입니다. 이 나라에서 지난 2022년 1월 중요한 법안이 통과됐습니다. 수도를 지금의 자카르타에서 다른 곳으로 옮기겠다고 결정한 겁니다. 한 나라의 수도를 옮긴다는 건 천문학적인 비용이 들고 수많은 장애물을 헤쳐 나가야 하는 국가 차원의 중대사입니다. 이 나라는 왜 이런 선택을 했을까요?

적도 바로 아래쪽에 있는 자카르타는 자바해라는 바다를 끼고 있습니다. 그런데 최근 이 도시에 무척이나 골치 아픈 일이 벌어지고 있습니다. 세계 바닷가 대도시 가운데 가장 빠르게 바닷물에 잠기고 있다는 게 그것입니다. 2050년이면 자카르타의 3분의 1이 물에 잠기리라는 게 전문가들의 예상입니다.

여기엔 크게 두 가지 이유가 있습니다. 첫 번째는 해수면 상승입니다. 바닷물 수위가 높아졌다는 얘기지요. 원인은 오늘날 지구촌 최대 환경 현안인 기후 위기입니다. 알다시피 기후 위기의 핵심은 지구가 뜨거워지는 것입니다. 한데 이렇게 되면 바닷물 온도도 덩달아 올라가므로 바다의 몸이 불어나게 됩니다. 본래 모든 물질은 온도가 높아지면 부피가 커지는 속성이 있습니다. 온도가 올라가면 분자와 원자의 활동이 활발해지고, 그 영향으로 분자나 원자 사이의 간격이 넓어지기 때문이지요.

그뿐만이 아닙니다. 지구의 기온이 높아지니 북극과 남극 지역의 빙하는 물론 여러 대륙 고산지대의 만년설(녹지 않고 쌓여 있는 눈) 등이 녹아내려 바닷물에 합쳐지게 됩니다. 바닷물의 양 자체가 많아지니 바닷물 수위가 높아지는 건 당연한 결과지요. 이렇게 해서 발생하는 것이 기후 위기가 일으키는 대표적 재앙 가운데 하나인 해수면 상승입니다.

두 번째로는 이 도시의 땅이 계속 밑으로 내려앉고 있다는 점을 꼽을 수 있습니다. 가장 큰 원인은 무분별한 지하수 개발입니다. 자카르타는 수도관으로 물을 공급하는 설비인 상수도 보급률이 60% 정도에 지나지 않습니다. 수질도 좋지 않고 물값 또한 비쌉니다. 식수를 비롯해 생활에 필요한 물을 얻으려면 자꾸 지하수를 팔 수밖에 없습니다. 땅속의 지하수를 대량으로 뽑아내면 그만큼 공간이 생겨나서 그 위의 땅이 내려앉게 되지요.

게다가 자카르타 인구는 최근 30년 사이에 두 배 이상이나 늘었습니다. 그 결과 지하수 개발뿐만 아니라 집과 건물도 크게 늘었습니다. 자연스럽게 땅을 내리누르는 무게도 증가했습니다. 쓰레기도 늘었습니다. 강에 버려지는 많은 양의 쓰레기는 강물의 흐름을 방해합니다. 환경 훼손도 심해졌습니다. 그 바람에 도시나 강변의 녹지가 줄어들었고, 이렇게 되면 물을 흡수하고 저장하는 능력이 떨어집니다. 계속 바닷물이 차오르고 땅이 내려앉는 상황에서 이런 일들까지 겹치니 물난리가 나지 않을 수 없습니다. 특히 문제가 심각한 곳은 바다와 직접 맞닿아 있는 북부 자카르타 지역입니다. 이미 최근 10여 년 동안 2.5m나 땅이 내려앉는 바람에 이 지역의 절반가량이 해수면보다 낮아졌습니다. 전 세계 바닷가 지역 대도시의 평균보다 두 배나 빠른 속도로 물에 잠기고 있다지요.

본래 자카르타는 바다와 접한 데다 13개의 강이 도시를 지나고 있어서 습지대가 많습니다. 그래서 평소에도 홍수가 자주 나는 편입니다. 그런 판국에 날로 기후 위기는 심각해지고 개발 사업과 인구 또한 무분별하게 늘어나는 탓에 더 큰 재난의 먹구름이 몰려오고 있습니다. 인도네시아의 수도 이전 결정에는 이런 절박하고도 복잡한 사정이 얽혀 있습니다.

수도 이전은 이미 발걸음을 뗐습니다. 옮겨 갈 곳은 자카르타에서 자바해 건너 멀리 떨어진 보르네오섬 동쪽 끝의 동칼리만탄 지역입니다. 비용은 2023년도 우리나라 1년 예산 총액의 약 70%에 이르는 436조 원이나 들 것으로 추정되며, 2045년까지 끝낼 계획입니다. 어마어마한 비용이 들고 20년이 훌쩍 넘는 세월이 걸리는 이 거대한 사업이 순조롭게 진행될 수 있을까요? 이미 재앙의 수렁에 빠진 자카르타는 앞으로 어떻게 될까요?

사라지는 나라들

기후 재난은 도시만 공격하는 게 아닙니다. 나라 자체를 집어삼키기도 합니다. 대표적인 보기로 태평양의 작은 섬나라 투발루를 꼽을 수 있습니다. 이 나라는 지금 해수면 상승으로 국토 전체가 바닷속으로 가라앉는 벼랑 끝 위기로 내몰리고 있습니다. 이는 곧 모든 국민이 다른 나라로 이주하지 않으면 살길을 찾을 수 없다는 뜻입니다.

9개의 산호초 섬으로 이루어져 있고 인구가 1만 명 정도에 불과한 이 섬나라는 온 나라를 통틀어 가장 높은 곳이 해발 4~5m 정도에 지나지 않습니다. 그러니 바닷물이 조금만 높아져도 큰 난리가

날 수밖에 없습니다. 게다가 투발루는 산호초 위에 만들어진 섬이어서 바닷물이 해안에서만 밀려오는 게 아닙니다. 바닷물이 산호초 사이로 스며들기도 합니다. 그 바람에 섬 안쪽에서도 바닷물이 차오르곤 하지요. 먹는 물로 사용하는 지하수나 농사짓는 땅도 소금기로 오염되고, 농작물도 큰 피해를 보고 있습니다. 해변은 점점 깎여 나가고 있고요. 한마디로 생존의 기초인 땅과 물과 식량이 죄다 결딴나고 있는 거지요. 전문가들 예측으로는 2060년쯤이면 이 나라의 대부분이 물에 잠길 거라고 합니다.

이런 재난을 겪는 나라가 투발루뿐일까요? 아닙니다. 33개의 작은 산호섬으로 이루어진 키리바시라는 나라도 매우 위험합니다. 투발루에서 그리 멀지 않은 적도 인근 태평양에 있는 인구 12만 명 정도의 나라로서, 국토의 평균 높이가 해발 3m도 채 되지 않습니다. 이 나라의 대부분 지역도 40~50년 안에 사람이 살기 어려운 곳으로 전락할 가능성이 크다고 합니다. 그래서 이미 정부가 장기적인 국민 이주 프로그램을 추진하고 있습니다. 이밖에도 몰디브, 피지, 토켈라우 등을 비롯한 지구 곳곳의 여러 섬나라와 땅 높이가 낮은 바닷가 지역들도 비슷한 처지에 놓여 있습니다. 이런 곳에서 살아가는 이들에게 바다에서 밀려오는 파도는 낭만적인 풍경이나 물놀이 대상이 아닙니다. 재앙과 죽음을 부르는 공포의 초대장입니다.

이렇듯 세계 곳곳에서 한 나라를 사라지게 하는가 하면 한 나라의 수도를 다른 데로 옮기도록 만들기도 하는 것이 기후 위기입니다. 그런데 이 책의 주제는 '기후 정의'입니다. 기후 위기를 다루면서도 이야기의 초점을 '정의'에 맞추고 있다는 뜻이지요.

기후 정의 이야기가 중요한 이유는 뭘까요? 그것은 기후 위기와 관련된 거의 모든 일이 정의의 문제와 깊은 관계를 맺고 있어서입니다. 실제로, 정의의 눈으로 바라보아야 기후 위기에 얽힌 여러 문제를 제대로 이해할 수 있습니다. 기후 위기는 왜 발생했으며 어떻게 진행되는지, 기후 위기가 국가나 개인 등에 어떤 영향을 얼마나 미치는지, 기후 위기를 이겨 내려면 무슨 일을 어떻게 해야 할지 등이 모두 그러합니다. 최근 기후 정의가 기후 위기를 둘러싼 이론과 실천 모두에서 매우 중요한 화두로 떠오르는 건 이런 이유에서입니다.

기후 정의보다 먼저 알아야 할 환경 정의

 기후 정의란 뭘까요? 먼저 알아야 할 것은 '환경 정의'입니다. 환경 정의를 기후 문제에 적용한 것이 기후 정의이기 때문입니다. '환경 정의'란 말 그대로 환경 분야에서 정의를 실현해야 한다는 원칙을 뜻합니다. 환경문제와 관련해 벌어지는 불의하고 불평등하고 불공정한 현실을 바로잡으려는 문제의식에서 비롯했지요. 그래서 환경 정의는 자연을 살리고자 하는 생태적 가치뿐만 아니라 인간이 인간답게 사는 데 꼭 필요한 정의, 민주주의, 평등, 인권 등과 같은 사회적 가치도 동시에 중시합니다.
 이에 따라 환경 정의가 던지는 핵심 질문은 두 가지로 요약됩니

다. 하나는 '환경이 파괴되거나 오염됐을 때 이로 말미암은 피해와 위험은 누구한테나 공평하게 나누어지는가?'입니다. 다른 하나는 이와는 반대로 '환경을 잘 보전했을 때 이것이 안겨 주는 이득과 혜택을 누구나 공평하게 누리는가?'입니다. 답은 뭘까요? '아니요'입니다. 대체로 피해나 위험은 가난하고 힘없는 약자에게 집중적으로 떠넘겨지지만, 이득과 혜택은 부유한 강자 집단에 돌아갑니다.

쓰레기 처리 시설, 핵 발전소, 독성 오염물을 많이 배출하는 공해 산업체 등과 같은 이른바 '혐오 시설'이 주로 어디에 들어서는지를 살펴보면 이를 잘 알 수 있습니다. 이런 시설은 환경을 파괴하고 건강을 해칩니다. 자기가 사는 곳에 이런 위험한 것들이 들어서길 바라는 사람은 아무도 없습니다. 한데 현실에서 이런 시설이 들어서는 곳은 대개 가난한 사람들 거주 지역이거나 혹은 정치적으로나 사회·경제적으로 별다른 힘이 없는 농촌이나 바닷가나 도시 변두리 등입니다. 한마디로 약자가 사는 지역이지요. 하지만 두말할 나위도 없이 쓰레기를 훨씬 많이 배출하고 에너지와 물건을 훨씬 많이 소비하는 것은 부유층을 비롯한 강자입니다. 이것이 정의로운가요?

그래서입니다. 환경 정의는 모든 사람이 환경문제가 일으키는 피해와 위험으로부터 평등하게 보호받고 환경적으로 안전한 공동체에서 살 권리를 보장받아야 한다고 주장합니다. 모두가 높은 환경의 질을 고르게 누리는 지속 가능하고도 정의로운 사회를 만들어야 한다는 얘기지요. 이처럼 환경 정의를 움직이는 두 가지 큰 수레바퀴는 생태적 차원의 지속 가능성과 사회적 차원의 정의라고 할 수 있습니다. 이 두 가지를 하나로 통합해서 이루는 것이 환경 정의 운동의 목적입니다.

이런 환경 정의의 정신은 어디에 적용해야 할까요? 매우 다양하지만 대표적으로는 계층 사이, 인종 사이, 지역 사이, 국가 사이 등을 꼽을 수 있습니다. 그러니까 부유한 사람과 가난한 사람, 백인과 유색인종, 주류 지배 민족과 비주류 소수민족, 다수자와 소수자, 힘세고 잘사는 지역과 힘없고 못사는 지역, 강대국과 약소국, 선진국과 개발도상국 사이 등에 불평등이 있어선 안 된다는 얘기지요. 환경 정의는 나아가 현재 세대와 미래 세대 사이, 인간과 자연(혹은 인간 아닌 존재) 사이, 남성과 여성 사이의 형평성도 강조합니다. 어린이, 노인, 여성, 장애인 등을 비롯한 생물학적 약자를 먼저 배려하는 것도 중요하게 여기고요.

오늘날 환경 정의는 환경문제를 다룰 때 꼭 고려해야 할 핵심 원칙으로 손꼽힙니다. 오늘날 세상을 가장 크게 괴롭히는 것이 환경 위기와 불평등인데 환경 정의는 이 두 가지 문제의 통합적인 해결을 꾀하기 때문입니다. 환경 위기와 불평등 문제를 강조하는 이유는 간단합니다. 환경 위기는 자연이 지나치게 망가지는 것을 뜻합니다. 불평등은 사회 공동체를 파괴하는 주범입니다. 한데 우리 인간은 본디 자연에 속한 자연의 일부인 동시에 여러 사람과 어울려 살아가는 사회적 존재입니다. 자연과 사회는 인간 생존과 삶의 근본적 토대라는 뜻이지요. 자연과 사회가 중요한 이유, 환경 위기 극복과 불평등 해소가 우리 시대의 가장 중대한 과제인 까닭이 여기에 있습니다.

그렇습니다. 자연과 사회를 함께 살림으로써 인간과 뭇 생명이 모두 행복하고 평등하게 잘 살자는 것, 바로 이것이 환경 정의의 본령입니다.

기후가 뭐길래

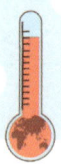

　기후 정의 이야기는 이런 환경 정의 이야기를 바탕으로 합니다. 그런데 기후 정의 이야기를 본격적으로 만나보기 전에 해야 할 일이 있습니다. 기후 위기 자체를 제대로 아는 게 그것입니다. 기후 위기가 무엇인지부터 정확히 알아야 그 기후 위기에 정의의 문제가 어떻게 얽혀 있는지를 알 테니까요. 또 그래야 기후 정의를 이룰 길을 찾을 수 있으니까요.

　먼저 살펴볼 것은 기후가 왜 그렇게 중요한가 하는 점입니다. 가장 큰 이유는 기후가 그만큼 우리 삶에 미치는 영향이 커서입니다. 사람이 살아가는 데 가장 기본이 되는 요소는 의식주(衣食住), 곧 옷

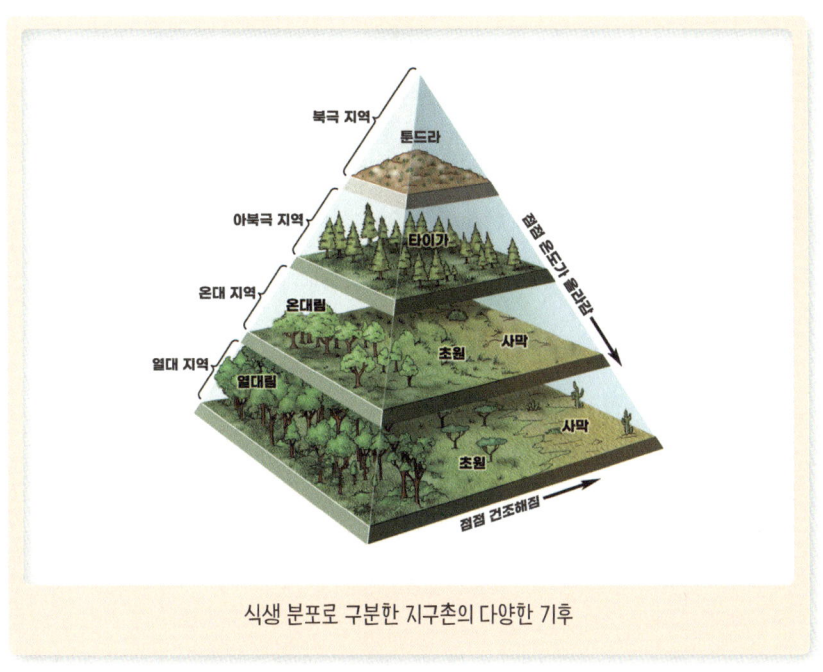

식생 분포로 구분한 지구촌의 다양한 기후

과 음식과 집입니다. 이것에 거의 절대적인 영향을 미치는 게 기후입니다. 이는 무더운 열대 지역 사람과 추운 북극 지역 사람의 의식주가 얼마나 크게 다른지만 떠올려 봐도 쉽게 알 수 있습니다. 기후는 사람들이나 어떤 지역의 생활 방식, 경제활동, 산업, 문화 등을 근본적으로 규정하는 요소라고 할 수 있습니다.

사실은 인류가 지금의 문명을 건설할 수 있었던 것도 온화하고 안정적인 기후 덕분이었습니다. 지구 역사를 보면 1만 2000년 전쯤에 마지막 빙하기가 끝나고 날씨가 점점 따뜻해졌습니다. 이에 힘입어 짐승을 사냥하거나 나무 열매 등을 따 먹는 수렵과 채집 중심의 구석기시대가 저물고 농사를 지으며 정착 생활을 하는 신석기시대가 열릴 수 있었습니다. 문명을 건설하는 데 필요한 조건은 이렇게 갖추어지기 시작했습니다. 그 뒤 세월이 흐르면서 농사짓고 생활하는 데 유리한 세계의 여러 큰 강 유역을 중심으로 다양한 고대 문명이 탄생했지요.

요컨대 문명은 기후의 산물이라고 해도 지나친 말이 아닙니다. 기후가 급격히 변하면 우리 삶과 문명의 기초도 뿌리에서부터 흔들리게 됩니다. 더군다나 기후라고 하는 건 단순하게 만들어지지 않습니다. 지구상에 존재하는 육지, 바다, 대기, 생물권, 나아가 지구 바깥의 우주권 등이 서로 연결되어 복합적으로 상호작용한 결과로 빚어지는 게 기후입니다. 이런 상호작용이 기온, 강수량, 바람 등에 영향을 미쳐서 다양한 기후를 만들어 내게 됩니다. 이렇듯 기후에는 지구 생태계를 이루는 자연의 모든 것이 깊이 연관돼 있습니다. 오늘날 기후 위기가 지구와 인류 전체를 뒤흔들게 된 까닭이 여기에 있습니다.

지구의 반격,
기후 위기

다음은 온실가스와 화석연료 이야기입니다. 알다시피 기후 위기를 일으킨 주범은 온실가스입니다. 온실가스가 지나치게 많이 배출된 탓에 지구 기온이 올라가고 그 결과로 지구의 기후 시스템 전체가 무너지고 헝클어지는 것이 기후 위기의 실체지요.

온실가스란 온실효과를 일으키는 기체를 말합니다. 종류로는 이산화탄소(CO_2), 메탄(CH_4, 영어로는 메테인), 아산화질소(N_2O) 등이 있습니다. 이 가운데 가장 큰 비중을 차지하는 건 이산화탄소입니다. 조사 결과에 따라 수치가 조금씩 다르지만, 인간 활동으로 배출되는 전체 온실가스의 70~80%를 차지하는 것으로 알려져 있습니다. 메탄은 전체 온실가스 중 15~20%, 아산화질소는 6~10%를 차지하고요.

이 온실가스가 만들어 내는 것이 온실효과입니다. 이게 뭘까요? 대기 중으로 배출된 대량의 온실가스는 지구 둘레에 일종의 막 비슷한 걸 형성합니다. 이 탓에 지구에서 발생한 열이 잘 빠져나가지 못하게 됩니다. 지구 표면에 부딪힌 햇빛 또한 이 온실가스층에 가로막혀 대기권 밖으로 빠져나가지 못하고 다시 지구 표면으로 반사됩니다. 지구가 온실처럼 뜨거워질 수밖에 없지요. 이것이 온실효과입니다.

물론 온실효과는 인간 활동의 결과로만 생겨나는 건 아닙니다. 이산화탄소나 메탄 같은 온실가스는 본래부터도 지구 대기권에 존재합니다. 이런 자연적인 온실효과가 없다면 지구가 엄청나게 추워져서 사람은 물론 생명체 자체가 제대로 살기 어려울 것입니다. 문제를 일으키는 건 자연에 본디 존재하는 적은 양의 온실가스가 아닙니다. 인간 활동의 결과로 아주 짧은 기간에 너무 급격하게, 그리고 너무 많이 늘어난 온실가스, 이것이 문제입니다. 이렇듯 온실가스는 두 얼굴을 하고 있습니다. 자연의 온실가스는 소중하지만, 인간이 인위적으로 배출하는 온실가스는 재앙의 원천이 된다는 거지요.

이 온실가스는 어디서 나올까요? 온실가스는 인간의 에너지 사용과 밀접한 관계가 있습니다. 사람은 어떤 활동을 할 때 반드시 에너지를 사용합니다. 공장에서 물건을 만들 때, 자동차나 비행기 등을 타고 다닐 때, 발전소에서 전기를 생산할 때, 집이나 건물 등에서 냉난방을 할 때 등이 그런 예입니다. 이 세상과 우리 삶은 에너지 없이는 한순간도 유지될 수 없습니다. 이 에너지의 대부분을 만들어 내는 게 바로 화석연료입니다. 화석연료의 '삼총사'라 불리는 석유, 석탄, 천연가스가 대표적이지요.

  이들 화석연료를 에너지로 사용하려고 태울 때 뿜어져 나오는 것이 이산화탄소입니다. 화석연료는 본디 탄소화합물이어서 태우면 탄소와 산소가 결합해서 이산화탄소가 생기거든요. 메탄은 대개 농업, 축산, 쓰레기 매립과 처리 과정 등에서 나옵니다. 아산화질소는 농업에 사용되는 비료 등에서 주로 나오고요. 종합해 보면 결국 사람이 경제와 산업을 발전시키고, 물건을 대량으로 생산하거나 소비하고, 편리하고 안락한 생활을 누리느라 화석 에너지를 지나치게 많이 쓴 결과로 발생한 것이 기후 위기라는 결론에 이르게 됩니다.

  그렇다면 화석연료는 어떻게 만들어졌을까요? 화석연료란 까마득한 옛날에 죽은 식물이나 동물의 사체가 지각변동으로 땅속에 파묻힌 뒤 수백만 년에서 수억 년 동안 높은 열과 압력을 받으며 분해

되는 과정에서 만들어진 연료를 말합니다. 고체로 굳어진 것이 석탄, 액체로 변한 것이 석유, 기체로 바뀐 것이 천연가스입니다. 화석과 비슷한 과정을 거쳐 만들어졌고, 화석처럼 오랜 세월 지층에 묻혔다가 오늘날 연료로 쓰이기 때문에 '화석연료(fossil fuel)'란 이름이 붙었지요.

그러므로 따지고 보면 애당초 화석연료란 자연의 고마운 선물인 셈입니다. 동식물의 사체에서 비롯한 것이 화석연료니까요. 한데 인간은 자신의 욕구나 필요를 채우려고 화석연료를 지나치게 마구 썼습니다. 그 결과 지금은 자연과 인간 모두를 위협하는 무서운 흉기가 되고 말았습니다. 게다가 화석연료는 매장량에 한계가 있어서 언젠간 바닥날 수밖에 없습니다. 사실은 이미 빠르게 고갈되고 있지요. 기후 위기 사태는 인간이 자연을 잘못 대하면 자연으로부터 호된 반격을 당하게 된다는 사실을 잘 보여 줍니다. 기후 위기란 결국 지구를 무분별하게 망가뜨린 인간에게 가해진 '자연의 역습' 또는 '환경의 반격'인 셈입니다.

이런 화석연료를 인간은 언제부터, 그리고 왜 이토록 많이 쓰게 됐을까요? 출발점은 산업혁명입니다. 산업혁명이란 18세기 중후반 영국에서 시작되어 유럽에서 약 100년에 걸쳐 진행된 생산기술의 획기적 발전과 그에 따른 사회 전체의 거대한 변화를 일컫는 말입니다. 핵심은 물건을 만들어 내는 인간의 생산력이 그 이전엔 상상하기도 어려울 정도로 어마어마하게 발전했다는 점입니다. 기계를 이용한 공장제 대량생산이 기폭제가 됐지요. 이로써 경제의 중심이 농업에서 공업으로 바뀌었습니다. 산업혁명은 이후 세계 곳곳으로 퍼져 나갔고, 이를 기반으로 지금과 같은 자본주의 경제체제가 지구 전체에 뿌리내렸습니다. 산업화, 근대화, 경제성장, 산업 개발 등의 거센 물결이 온 세상을 휩쓸게 된 건 이런 변화의 흐름을 타고서였습니다.

화석연료 사용이 폭발적으로 늘어난 건 이런 과정을 거치면서입니다. 산업혁명 뒤로 최근까지 세계 인구가 8배 늘어나는 동안 에너지 소비는 28배나 늘어났습니다. 지금의 기후 위기는 한마디로 화석연료를 지나치게 많이 쓰는 인간 활동이 일으킨 인위적 환경 재앙이라고 규정할 수 있습니다.

기후 위기가
재앙인 이유

 이런 질문도 던져 볼 수 있겠네요. 지구의 기후가 변하는 현상은 지금 처음 일어난 걸까요? 그렇지 않습니다. 46억 년에 이르는 지구 역사에서 기후는 때로는 더워지기도 하고, 때로는 추워지기도 했습니다. 지금의 기후 위기가 재앙인 이유는 과거의 기후 변화와 지금의 기후 변화 사이에 대단히 중요한 두 가지 차이점이 있어서입니다.

 첫 번째는 과거의 기후 변화가 자연 활동의 결과였다면 지금의 기후 변화는 인간 활동의 결과라는 점입니다. 과거에 기후 변화를 일으킨 것은 주로 자연적인 요인이었습니다. 화산 폭발, 소행성의 지구 충돌, 지각변동, 해류 변화 등이 여기에 포함되지요. 가령 대규모 화산 폭발이 일어나면 용암과 화산재는 물론 수증기나 이산화탄소 같은 화산 가스가 대량으로 뿜어져 나와 지구 곳곳으로 퍼져 나갑니다. 소행성이 지구와 충돌해도 마찬가지로 엄청난 양의 돌, 흙, 먼지 등이 발생해서 먼 곳까지 흩뿌려집니다. 그 결과 대기나 땅의 성분, 바다 상태 등이 크게 변하고 이것이 기후 변화로 이어지게 됩니다. 한편 태양 활동의 변화, 지구 공전 궤도와 자전축 기울기의 변동 등과 같은 천문학적 요인이 기후 변화의 원인으로 작용하기도 했습니다. 이것이 자연적으로 발생했던 과거의 기후 변화입니다. 이에 반해 지금의 기후 위기를 일으키는 건 방금 설명한 인간 활동입니다.

두 번째는 과거의 기후 변화에 견주어 지금의 기후 변화는 속도가 지나치게 빠르다는 점입니다. 산업화 이전 시기와 비교할 때 지금까지 지구 온도는 얼마나 올랐을까요? 1.09도입니다. 이는 기후 변화 분야에서 세계적으로 가장 권위 있는 '기후 변화에 관한 정부 간 협의체(IPCC)' 보고서에 나오는 내용입니다. 여기서 산업화 이전 시기는 1850~1900년, 지금은 2011~2020년을 가리킵니다. 그러니까 이 두 시기의 지구 평균 기온을 각각 조사해서 비교해 봤더니 그 사이에 1.09도가 올랐더라는 얘기지요.

계산해 보면 이 정도 온도 변화에 걸린 시간은 어림잡아 140년 정도라고 할 수 있습니다. 최근엔 산업화 이전 시기부터 2022년 정도까지 1.2도가 올랐다는 연구 결과도 심심찮게 나오고 있습니다. 우리나라는 비슷한 기간에 기온이 세계 평균보다 두 배나 더 올랐습니다. 이는 우리나라가 세계에서 유례를 찾아보기 어려울 정도로 급속한 산업화와 경제성장을 이루면서 에너지를 다른 나라보다 훨씬 더 많이 사용한 탓입니다.

옛날엔 기후 변화 속도가 매우 느렸습니다. 예컨대 마지막 빙하기가 끝나고 사람들이 농사를 지을 정도로 지구 평균 기온이 오르기까지 대략 1만 년 정도가 걸렸습니다. 과학자들의 분석 결과에 따르면 이 기간에 4~5도쯤 올랐지요. 1만 년 동안 5도가 올랐다고 치면 1도 오르는 데 2000년이 걸린 셈입니다. 이것이 자연적인 기후 변화 속도의 한 가지 사례입니다. 한데 인간 활동이 일으킨 기후 변화는 140년 정도 만에 1도 이상 올랐다고 했습니다. 계산해 보면 14배 이상이나 빠릅니다. 자연적으로 발생하는 기후 변화와 인간이 만들어 낸 기후 변화 사이에는 이처럼 속도에서 엄청난 차이가 납니다.

지구의 기후 역사를 분석한 또 다른 연구 결과에 따르면, 대략 10만 년을 주기로 지구 평균 기온이 6~7도 정도 오르락내리락하면서 추운 빙하기와 따뜻한 간빙기가 번갈아들면서 나타났다고 합니다. 방금 얘기한 1만 년에 4~5도 변한 것보다 훨씬 느린 속도지요. 이것만 보아도 지금 인간이 일으킨 기후 변화가 얼마나 빠른 속도로 진행되는지를 잘 알 수 있습니다.

기후 위기가 재앙으로 치닫게 된 가장 큰 이유가 이 속도입니다. 말했듯이 기후란 모든 생명체의 생존에 엄청난 영향을 미칩니다. 진화의 역사는 주어진 기후 조건과 이 안에서 만들어진 환경에 적응한 생명체만이 생존을 이어갈 수 있다는 걸 보여 줍니다. 그런데 기후의 변화 속도가 너무 빠르면 변화에 적응할 수 없습니다. 적응에 필요한 대비책이나 수단을 마련할 시간이 부족하니까요. 오늘날 기후 위기가 우리를 막다른 궁지로 몰아넣는 결정적 이유가 여기에 있습니다. 지구가 울리는 기후 위기의 비상벨은 갈수록 긴박해지고 있습니다.

'티핑 포인트' 이야기

고작 1도 남짓 기온이 올랐다고 너무 호들갑스럽게 난리 피우는 거 아냐? 1도가 그렇게 대단해? 아마 이렇게 생각하는 사람도 있을 듯합니다. 일교차만 10도 이상 될 때도 더러 있으니 이런 생각이 드는 건 자연스러운 일입니다. 하지만 자연에서, 특히 기후에서 지구의 평균 기온이 1도 이상 올랐다는 건 큰 의미가 있습니다.

지구는 본디 수많은 요소가 뒤얽혀 상호작용하면서 돌아가는 아주 복잡하고 정교한 시스템으로 이루어져 있습니다. 그래서 자연은 작은 온도 변화에도 민감하게 반응할 때가 많습니다. 인간의 기준으로만 보면 미미할지 몰라도 말입니다. 또 한 가지 중요한 것은 1.09도 올랐다는 것의 정체가 지구의 '평균 기온'이라는 사실입니다. 이는 지구의 모든 곳이 고르게, 그리고 모든 때에 일정하게 1.09도 올랐다는 걸 뜻하는 게 아닙니다. 특정 지역의 온도가 많이 올랐더라도 다른 지역이 덜 올랐다면 전체 평균 수치는 얼마든지 이렇게 나올 수 있으니까요. 대부분 날의 온도가 이전과 비슷하고 특정한 며칠만 높이 치솟는 경우도 마찬가지입니다. '평균'에는 이런 함정이 숨어 있습니다. 이 함정에 빠지지 않아야 기후 위기의 실체를 정확히 이해할 수 있습니다.

예를 들어 보겠습니다. 학생 5명이 시험을 쳤는데 4명은 100점 만점을 받았습니다. 참 잘했습니다. 그런데 1명은 빵점을 받았습니다. 이거 정말 큰일 났습니다. 한데 5명 평균을 내면 80점입니다. 이 경우에 평균 점수 80점만 보고서 이 정도면 다들 잘했네 하고 그냥 넘어가면 어떻게 될까요? 이렇게 하면 0점 맞은 학생의 문제는 가려져서 묻히게 됩니다.

기후 위기도 마찬가지입니다. 기후 위기의 영향은 물론 지구 전체에 미칩니다. 하지만 큰 피해가 집중되는 것은 평균보다 기온이 더 오른 지역이나 기간이기 마련입니다. 이를테면 지구 전체로는 1.09도 올랐다지만 북극 지역은 3~4도나 올랐습니다. 그 결과 이 지역 생태계에서 중심 기둥 구실을 하는 빙하가 급속히 녹아내려서 이에 따른 피해가 눈덩이처럼 커지고 있지요. 태풍이나 홍수를 비롯해 다른 기후 변화 현상도 다르지 않습니다. 평소엔 별다른 문제가 없다가 비록 짧은 기간이라도 이런 게 집중적으로 들이닥치면 심각한 피해를 피할 수 없습니다. 갈수록 극단적인 기상 현상이 늘어나고 기후를 둘러싼 불확실성이 커지고 있어서 기후 위기의 이런 특성은 더욱 주목할 필요가 있습니다.

기후 위기가 진행될수록 그 속도가 더욱 빨라진다는 점도 짚어 볼 문제입니다. 다시 북극 지역을 예로 들어 볼까요? 지구 기온이 올라가면 빙하와 바다 위의 얼음이 녹습니다. 한데 빙하와 얼음은 내리쬐는 햇빛을 반사해 기온 상승을 막아 주는 역할을 합니다. 이런 빙하와 얼음이 줄어드니 기온은 더 빨리 올라가게 됩니다. 그 결과 빙하와 얼음은 더 빨리, 더 많이 녹습니다. 기온은 더 올라가고 다시 더 많은 빙하와 얼음이 녹아서 사라집니다. 그야말로 꼼짝없이 온도 상승의 악순환 고리에 갇혀 버리는 거지요.

그러다 어느 순간 맞닥뜨리게 되는 것이 이른바 '티핑 포인트(tipping point)'라는 것입니다. 이게 뭘까요? 자, 여기 물이 가득 찬 컵이 있습니다. 이 컵에 물을 한 방울씩 떨어뜨리면 물이 봉긋하게 솟으면서 물의 높이가 점점 올라갑니다. 그러다 어느 순간 마지막 한 방울이 떨어지면 그만 물이 넘쳐서 쏟아져 버리고 맙니다. 이처

럼 어떤 일이 처음에는 미미하게 진행되는 듯하다가 어느 순간 돌연히 전체적인 균형이나 안정이 깨지는 시점을 티핑 포인트라고 합니다. 작은 변화가 서서히 쌓이다가 극적인 격변이 일어나고 이것의 폭발적인 충격으로 일순간 모든 것이 변해 버리는 '결정적 순간'을 가리키는 말이지요.

기후 위기가 이 티핑 포인트를 넘어서면 그땐 상황을 돌이키기 어렵습니다. 아무리 애를 써도 그 이전 상태를 회복할 수 없는 파국의 순간, 이것이 기후 위기의 티핑 포인트입니다. 기후 위기에 훨씬 더 신속하게 대응해야 할 이유가 여기에 있습니다. 지구 기온이 1도 높아진 걸 두고서 별것 아니라고 가볍게 여기면 안 됩니다. 2만 년 전 마지막 빙하기가 절정이던 시절에 지구 평균 기온은 지금보다 6도 낮았습니다. 고작 6도가 낮았을 뿐인데도 그땐 지구의 상당한 지역이 얼음으로 뒤덮여 있었습니다. 1도의 무게를 가늠할 수 있겠지요?

기후 위기에
내 생존이 달렸다

　기후 위기의 티핑 포인트는 몇 도일까요? 즉, 이 세상을 지속하려면 산업화 이전 대비 지구 평균 기온의 상승을 몇 도에서 막아야 할까요? 1.5도. 이것이 답입니다. 1.5도를 지구를 지키는 '최후의 방어선'이라 부르는 까닭입니다. 전망은 밝지 않습니다. 지구가 뜨거워지는 속도가 점점 더 빨라지고 있어서입니다.

　가령 앞서 언급한 '기후 변화에 관한 정부간 협의체(IPCC)'는 2021년 보고서에서 인류가 지금처럼 온실가스를 계속 배출한다면 2021~2045년에 산업화 이후 지구 기온 상승 폭이 1.5도를 넘을 가능성이 크다고 밝혔습니다. 더 정확하게는 2030년대 중후반이

될 거라는 전망이 지배적입니다. 이게 사실이라면 시간이 정말 얼마 남지 않은 거지요. 그런데 같은 IPCC가 2018년에 낸 보고서에서는 1.5도 도달 시점을 2030~2052년으로 전망했습니다. 그러니까 불과 3년 만에 1.5도 도달 예상 시점이 10년가량이나 앞당겨진 겁니다. 심지어 유엔 전문기구인 세계기상기구(WMO)는 2023년 5월에 낸 보고서에서 2023년부터 2027년까지 5년 사이에 최소한 한 해 정도는 1.5도의 방패가 뚫릴 가능성이 66%에 이른다고 밝히기까지 했습니다.

기후 위기 사태가 갈수록 긴박해진다는 건 용어 변화에서도 잘 드러납니다. 지금 널리 사용하는 용어는 이 책에서도 계속 쓰는 '기후 위기'입니다. 이전엔 '기후 변화'라는 말을 주로 사용했습니다. 그런데 '변화'라는 말은 좀 어정쩡합니다. 나쁜 쪽으로뿐만 아니라 좋은 쪽으로 변할 때도 변화란 말을 쓰기도 하지요. 기후 위기란 말에는 지금의 기후 상황을 단순한 '변화'가 아니라 훨씬 더 심각하고 절박한 '위기'로 인식해야 한다는 문제의식이 담겼습니다.

그 연장선에서 기후 위기를 넘어 '기후 파국'이나 '기후 비상사태'라는 말도 자주 씁니다. 지구가 '더워진다'거나 '따뜻해진다'라는 말 대신에 '뜨거워진다'라는 표현을 더 많이 쓰기도 합니다. 널리 알려진 '지구 온난화(global warming)'라는 부드러운 표현 대신에 '지구

가열화(global heating)'라는 더 강도 높은 말이 갈수록 많이 쓰이는 것도 이런 맥락에서입니다. 최근엔 '뜨거운 지구'라는 말로도 모자라 '끓는 지구', 지구 가열화를 넘어 '지구 열대화'라는 말까지 쓰이고 있습니다.

그렇다면 지구 기후가 티핑 포인트를 넘어서면 구체적으로 어떤 일이 벌어질까요? 가장 큰 걱정거리는 우리 생존의 근원적 토대인 먹거리 문제입니다. 자연조건에 크게 의존하는 농업은 기후 위기의 영향을 크게 받을 수밖에 없습니다. 가뭄, 홍수, 태풍, 극단적인 더위와 추위 등이 심해질수록 농업이 큰 타격을 받는다는 건 두말할 나위도 없잖아요? 이를테면 비가 충분히 와야 할 때 비가 오지 않거나 반대로 비가 오면 안 될 때 큰비가 쏟아지거나 하면 농사를 망치게 됩니다. 봄이 평소보다 빨리 오거나 늦게 오는 바람에 식물이 꽃을 피우는 시기와 벌이나 나비가 활동하는 시기가 서로 달라지면 어떻게 될까요? 식물의 꽃가루받이(수분, 受粉)가 제대로 이루어지지 못해 농작물 수확량이 크게 줄어들게 됩니다. 사막화와 토양 훼손, 해수면 상승, 대형 산불 등도 농경지를 감소시키거나 식량 생산을 어렵게 합니다. 게다가 고산지대의 만년설에서 흘러내리는 물은 강을 이루면서 농사에 필요한 물을 공급하는 구실을 하는데, 그 만년설이 기후 위기로 녹아서 사라지고 있습니다. 이 모두 기후 위기가 심각해지면서 벌어지는 일입니다.

이런 와중에 우리나라 식량자급률은 가축 사료를 포함해 21%에 지나지 않습니다. 식량자급률이란 한 나라에서 소비되는 전체 식량 중에서 그 나라에서 생산된 식량이 차지하는 비율을 말합니다. 그러므로 식량자급률이 21%라는 건 우리가 먹어야 할 식량의 약 80%를 외국에서 수입하지 않으면 먹고살 방도가 없다는 뜻입니다.

전문가들은 지구 평균 기온이 1도 오를 때마다 세계 식량 생산은 10%씩 줄어들 것으로 예측합니다. 1.5도 오르면 세계적으로 3500만 명, 2도 오르면 3억 6000만 명, 3도 오르면 18억 명이 넘는 사람이 굶주림에 시달릴 거라고도 합니다. 2050년까지 굶주림과 영양실조로 생명을 잃거나 위협받는 사람이 많게는 8000만 명까지 늘어나리라는 전망도 나와 있습니다. 한마디로 지금 이대로 간다면 대규모 식량부족 사태를 피하긴 어렵다는 얘기지요.

기후 위기가 깊어질수록 먹거리 위기도 깊어지고, 그 결과 먹거리가 귀해지면 먹거리 가격이 높이 치솟게 됩니다. 나라들 사이에 식량을 확보하려는 경쟁도 한층 뜨거워질 것입니다. 식량 부족 사태가 심각해질수록 돈으로도 식량을 구하기 어려운 상황이 닥칠 수 있습니다. 설령 간신히 구해도 엄청난 비용을 치러야 할 가능성이 큽니다. 자기 나라 국민이 먹을 것도 부족한데 그 귀한 식량을 다른 나라에 순순히 내어 줄 나라는 없을 테니까요. 식량이 무기화된다는 얘깁니다. 이것이 현실입니다.

이런 판국에 물이나 에너지 부족 사태, 잠시 뒤 살펴볼 기후 난민의 급격한 증가 등이 겹쳐서 일어난다면 어떻게 될까요? 기후 위기는 국제적 차원에서 안보 위기로까지 치달으며 지구촌 곳곳에서 심각한 분쟁을 불러일으킬 위험이 큽니다. 지금도 지구 곳곳에서 크고 작은 전쟁이 끊이지 않는데 앞으로 더 본격적인 '에너지 전쟁'이나 '기후 전쟁'이 터지지 말란 법도 없습니다.

바다는 어떨까요? 물고기를 비롯한 해양 생물도 기후 위기로 바닷물 온도나 해류 흐름 등이 바뀌면 큰 타격을 받기 마련입니다. 바뀐 환경에 적응하지 못해서 점점 수가 줄어들거나 다른 데로 쫓겨 가게 될 테니까요. 이처럼 기후 위기는 우리에게 먹거리를 제공해 주는 두 기둥인 농업과 어업 모두를 크게 망가뜨리고 있습니다. 기후 위기는 우리의 생존 문제와 직결돼 있습니다.

끝없는 재앙

　코로나19 사태로 우리는 동물에서 비롯하는 감염병이 얼마나 무서운지를 뼈저리게 경험했습니다. 안타깝게도 기후 위기가 깊어질수록 이런 질병은 더 많이 생기고 더 널리 퍼지리라는 게 전문가들의 한결같은 견해입니다. 왜 그럴까요?

　기후 위기가 일으키는 산불, 가뭄, 홍수, 사막화 등은 야생동물이 살아가는 서식처를 훼손합니다. 삶의 터전을 빼앗긴 동물은 먹이를 구하려고 사람 사는 곳이나 가축 기르는 곳을 더 자주 찾아오게 됩니다. 사람들과의 접촉이 늘어나고, 그 결과 야생동물 몸속에 있는 바이러스가 사람에게 퍼질 가능성이 자연스레 커집니다. 기후 위기로 기온이나 습도 등이 바뀌면서 바이러스가 전파되는 속도가 빨라지기도 합니다. 특히 온도가 올라가면 모기가 늘어나는데, 그 탓에 말라리아나 뎅기열처럼 모기가 옮기는 전염병이 더욱 넓은 지역에서 발생할 거라는 우려가 커지고 있습니다. 최근 수많은 희생자를 낳으면서 인류를 크게 괴롭혀온 전염병의 75% 이상이 동물에서 왔습니다. 이처럼 질병과 건강 측면에서도 기후 위기는 중대한 위협으로 다가오고 있습니다.

여름철 극한의 더위가 세계 곳곳에서 일으키는 피해도 만만찮습니다. 2021년 여름만 보더라도 미국과 캐나다 서부 지역에 최고기온이 50℃에 육박하는 사상 최악의 불볕더위가 덮치는 바람에 수많은 사람이 사망했습니다. 지구에서 가장 추운 곳 가운데 하나인 시베리아 북동쪽 도시들의 온도가 35℃까지 치솟기도 했습니다. 미국 국립 해양대기청(NOAA)은 2020년 9월에 "지금까지 지구가 가장 더웠던 다섯 해가 모두 2015년 이후"라고 밝혔습니다.

산불과 홍수 사태도 한번 살펴볼까요? 2019년 호주(오스트레일리아)에서는 여섯 달 동안이나 꺼지지 않고 계속된 초대형 산불이 난 적이 있습니다. 원인을 조사해 보니 기후 위기로 온도가 비정상적으로 너무 높아진 데다 가뭄 또한 지나치게 오래 계속된 탓이었습니다. 조사 결과마다 조금씩 다르긴 하지만, 이 산불로 남한 면적의

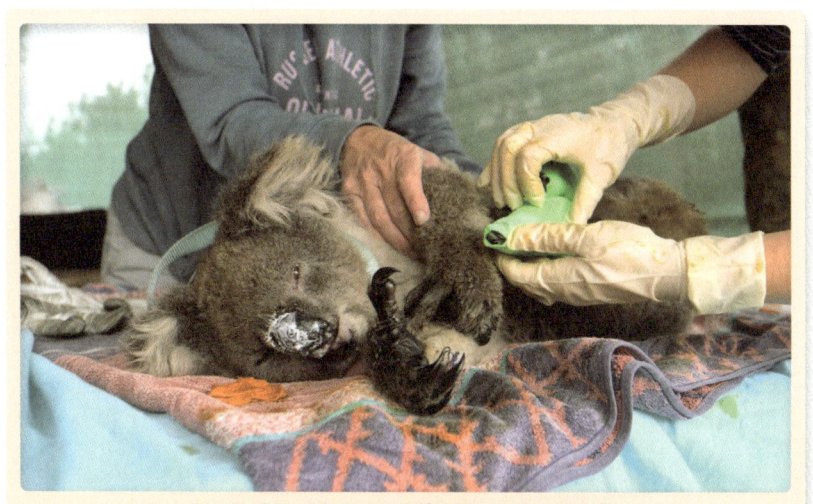

2020년 1월 10일 호주 애들레이드, 산불 때문에 다친 코알라를 치료하는 수의사와 자원봉사자 (사진 출처: 호주 연합통신)

두 배에 해당하는 땅이 불탔다고 합니다. 5700채에 이르는 집과 건물이 불길 속에서 무너졌다고 하고요. 곤충 등을 모두 포함하면 죽은 야생동물의 수가 13억 마리에 이른다는 충격적인 분석 결과가 나오기도 했습니다. 호주뿐만이 아닙니다. 미국 서부, 러시아 시베리아 지역, 유럽 남부 등 세계 곳곳도 거의 매년 대규모 산불이 발생해서 커다란 피해를 보고 있습니다.

지난 2022년 파키스탄에서는 사상 최악의 폭우로 전 국토의 3분의 1이 물에 잠기는 참사가 벌어졌습니다. 사망자 1700여 명, 부상자 1만 3000여 명을 위시해 피해를 본 사람이 무려 3300만 명에 이르렀지요. 폭우의 원인은 홍수 사태가 나기 직전에 이 나라를 휩쓴 전례 없는 폭염이었습니다. 폭염으로 따뜻하게 데워진 공기가 습기를 대거 흡수해 폭우를 뿌렸던 거지요. 근본적인 원인은 역시 기후 위기였습니다.

이런 사례를 일일이 다 소개하려면 이 책 수십 페이지로도 모자랍니다. 기후 위기 시대를 맞아 우리는 일찍이 경험해 보지 못한 일을 무시로 겪고 있습니다. 이런 전 지구적인 기후 비상사태는 급기야 수많은 '기후 난민'까지 낳고 있습니다. 기후 난민이란 기후가 급격히 바뀜에 따라 기존의 삶터에서 더는 살아가기가 힘들어져서 다른 곳으로 이주할 수밖에 없는 사람을 가리킵니다. 앞에서 보았듯이 국토 자체가 바닷속으로 가라앉고 있는 투발루 같은 작은 섬나라 사람들이 대표적이지요.

바닷가 낮은 지역에 사는 사람들도 위태롭기는 매한가지입니다. 세계 전체를 볼 때 대체로 바닷가에 가까운 낮은 지역에 사람들이 많이 몰려 삽니다. 땅이 평평하면 농사를 짓거나 주거지 등을 만들기 쉬워서 여러모로 살기에 편리해서지요. 세계적으로 인구 300만 명이 넘는 도시들 가운데 3분의 2가, 그리고 세계 전체 인구의 약 10%가 바닷가 낮은 지역에 몰려 있습니다. 이들 중 상당수의 도시가 바닷물 수위가 높아지고 초강력 태풍 등이 자주 발생할수록 큰 피해를 보리라는 건 불을 보듯 뻔한 일입니다.

　유엔 산하기관인 국제이주기구(IOM)는 2050년이 되면 최대 10억 명의 기후 난민이 발생할 것이라고 경고합니다. 또한 유엔난민기구(UNHCR)에 따르면 지금도 폭우, 가뭄, 해수면 상승, 초대형 태풍, 물 부족 등으로 해마다 2500만 명이 넘는 난민이 생겨나고 있다고 합니다. 실제로 지난 2017년 방글라데시, 인도, 네팔 등을 포함하는 남아시아 지역에 대홍수가 덮쳐서 4000만 명이 넘는 사람이 삶터를 등지고 떠나는 사태가 발생하기도 했습니다.

　난민이라 하면 흔히 전쟁 난민을 제일 먼저 떠올리곤 합니다. 하지만 이미 기후 위기를 비롯한 환경 파괴로 발생하는 난민이 전쟁 난민보다 훨씬 더 많아진 게 지금 현실입니다. 자연뿐만 아니라 사람의 삶과 생존 또한 무자비하게 파괴하는 것이 기후 위기의 민낯입니다.

인간도 멸종한다고?

　이번엔 멸종 이야기입니다. 38억 년 정도로 추정되는 지구 생명의 역사를 들여다보면 수많은 생물이 사라지기도 하고 새롭게 나타나기도 했습니다. 주어진 자연조건과 환경 변화에 잘 적응한 생물종은 살아남았고, 그러지 못한 생물종은 소멸의 길을 걸었습니다. 이것이 생물 진화의 역사입니다. 우리 인간은 어떨까요? 사람은 멸종할 가능성이 없을까요? 아마 말도 안 되는 얘기라고 손사래부터 치는 사람이 많을 것입니다. 이토록 찬란한 문명을 건설한 인류가 이 지구를 지배하고 있는데, 게다가 그 문명과 함께 80억 명이 넘는 인류가 번창하고 있는데, 이런 특별하고 위대한 인간이 마치 공룡처럼 이 지구상에서 완전히 사라진다는 건 상상할 수도 없는 일이라고 반박하면서 말입니다.

근데 놀라지 마세요. 인간도 멸종할 가능성이 크다는 경고가 요즘 들어 부쩍 자주 나오고 있습니다. 여기서 알아 둬야 할 게 있습니다. '대멸종'이 그것입니다. 멸종 중에서도 대멸종은 지구상에 존재하는 생물의 75% 이상, 그러니까 전체 생물의 4분의 3 이상이 사라지는 걸 말합니다. 생물계 전체의 틀이나 질서 같은 게 근본적으로 뒤바뀌는 어마어마한 사건이지요. 지구 역사에는 이런 대멸종이 모두 다섯 번 있었습니다. 공룡이 멸종한 게 6500만 년 전에 일어난 다섯 번째 대멸종 때였습니다. 가장 규모가 컸던 건 2억 5000만 년 전쯤에 벌어진 세 번째 대멸종이었습니다. 이땐 지구 생명체의 무려 95% 이상이 사라졌더랬지요.

중요한 건 이런 대멸종 사태가 지금 이미 시작돼 진행 중이거나, 설령 그 정도는 아니라도 곧 시작될 조짐이 분명하게 보인다는 점입니다. 이것이 요즘 사람들 입에 자주 오르내리는 여섯 번째 대멸종 사태입니다. 인간 멸종 가능성에 관한 이야기가 나오게 된 것은 이런 배경에서입니다.

한데, 옛날에 있었던 다섯 번의 대멸종 사태에서 공통으로 확인한 사실이 하나 있습니다. 대멸종이 일어날 때마다 생태계에서

가장 강하고 제일 높은 자리에 있던 생물종이 빠짐없이 멸종했다는 점이 그것입니다. 공룡이 대표적이지요. 그 이유는 이런 생물종이 계속 생존하려면 다른 생물종보다 훨씬 더 많은 에너지를 사용해야 하기 때문입니다. 사실 이들 생물종은 그 덕분에 강해지고 커져서 생태계의 꼭대기 자리에 올랐습니다. 하지만 역설적으로 바로

그 때문에 거대한 환경 변화 같은 위기가 갑자기 닥치면 빨리 대처하기가 어렵습니다.

자, 여기서 한번 생각해 보세요. 지금 지구 생태계에서 가장 강력하고도 독보적인 우두머리 자리를 차지하고 있는 생물종이 뭔가요? 바로 우리 인간입니다. 즉, 실제로 여섯 번째 대멸종 사태가 진행되고 있거나 머잖아 일어난다면 우리 인간 또한 멸종할 가능성이 아주 크다는 얘기지요. 물론 문명을 일구는 과정에서 인간이 쌓아 온 능력이 워낙 뛰어나서 생존의 길을 찾을 수도 있습니다. 그렇긴 해도 인간이라는 독특한 생물종의 멸종 가능성을 전적으로 부정하긴 힘듭니다.

이런 얘기가 실감으로 다가오지 않나요? 하지만 또 하나의 중요한 사실이 있습니다. 과거 다섯 번의 대멸종이 왜 일어났는지를 연구한 학자들은 주요한 공통 원인을 찾아냈습니다. 바로 기후 변화입니다. 다시 말하면, 지구환경이 평소와는 달리 몹시 더워지거나 추워지는 것과 같은 새로운 기후 조건에 놓이면 이것이 생명체에게는 죽느냐 사느냐를 가름할 정도로 큰 영향을 미친다는 얘깁니다.

문제는 이런 기후 변화가 까마아득한 옛날 옛적에만 일어났던 일이 아니라는 점입니다. 기후 변화는 바로 지금 지구 전체를 휩쓸고 있습니다. 그것도 옛날 기후 변화보다 훨씬 더 빠른 속도로 말입니

여섯 번째 멸종 전시회
(사진 출처: 호주 곤드와나 스튜디오)

다. 여섯 번째 대멸종 이야기에 솔깃해질 수밖에 없는 근본 이유가 여기에 있습니다. 그래서겠지요. 실제로 최근 생물학자들은 지구 기온이 티핑 포인트를 넘어 2~3도 상승하면 이번 세기 안에 지구상에 존재하는 모든 생물종의 54%가 멸종할 것이라고 경고합니다.

시간은 우리 편이 아니다

우리나라는 기후 위기의 안전지대일까요? 아닙니다. 앞에서 말했듯이 우리나라 기온은 세계 평균보다 두 배나 더 많이 높아졌습니다. 그 결과 본래 사계절이 뚜렷한 온대 기후였던 우리나라 기후가 점차 아열대 기후로 바뀌고 있습니다. 특히 남쪽의 제주도와 남해안 지역이 더욱 그렇습니다. 농작물 재배 지역이 바뀌는 것이 그 단적인 보기입니다. 예컨대 사과나 포도 등을 재배하는 지역이 더욱 북쪽으로 올라가고, 이전에는 볼 수 없었던 열대과실 재배가 늘고 있지요. 실제로 아열대 식물에 속하는 바나나, 커피, 망고, 구아바, 키위, 올리브 등의 재배 면적이 우리나라에서 점차 넓어지고 있습니다.

 봄과 가을이 아주 짧아지고 여름철 폭염이 이전보다 훨씬 더 기승을 부리는 건 해마다 우리가 경험하는 일입니다. 낮 최고기온이 33℃ 이상인 더위가 이틀 이상 이어지면 폭염 주의보가, 낮 최고기온이 35℃ 이상인 더위가 이틀 이상 이어지면 폭염 경보가 발령됩니다. 기상청 발표에 따르면 한 해 평균 폭염 발생일이 과거 48년 동안(1973~2020년)은 10.1일이었는데 최근 10년간(2011~2020년)은 14.0일입니다. 약 4일이 늘어났지요. 그래서 폭염 일수가 가장 많았던, 다시 말하면 가장 무더웠던 해 1~5위 중 1, 3, 4위가 최근 10년 사이에 들어 있습니다. 이 모두 우리나라 또한 기후 위기의 안전지대가 아니라는 사실을 또렷이 보여 주는 증거입니다.

 바다는 어떨까요? 국립수산과학원에 따르면 최근 50여 년 동안(1968~2020년) 우리나라 바다 온도는 세계 평균보다 두 배 이상이나 높아졌다고 합니다. 바다의 물고기 지도가 빠르게 바뀌는 건 그 당연한 결과입니다. 동해에서는 명태와 멸치, 남해에서는 갈치와 정어리, 서해에서는 갑오징어 등이 크게 줄어들었지요. 심지어 우리나라도 해수면 상승으로 기후 난민이 발생할 가능성이 있다는 전망마저 나오고 있습니다. 바다에 접한 부산이나 인천 일부 지역이 물에 잠길 수 있으며, 앞으로 많게는 130만 명 넘게 침수 피해를 볼

해수면 상승으로 해안이 침식된 강릉시 강동면 모습
(출처: KBS 뉴스광장)

가능성이 있다고 합니다.

  기후 위기에서 시간은 우리 편이 아닙니다. 지금 이대로라면 세계 전체가 필연적으로 큰 고통에 빠질 수밖에 없습니다. 특히 식량이나 물 부족 사태, 기후 난민 문제 등은 대개 여러 나라가 연루됩니다. 그만큼 국제적 충돌로 치달을 위험이 큽니다. 이처럼 오늘날 기후 위기는 국가 안보와도 직결되는 문제입니다. 특히 우리나라는 공교롭게도 미국, 중국, 일본, 러시아 등 내로라하는 강대국들 틈바구니에 끼어 있습니다. 역사가 잘 보여 주듯이 강대국들 사이에 분쟁이나 충돌이 일어나면 우리는 더 큰 어려움에 시달릴 수밖에 없습니다.

이미 북극에서는 이런 일이 벌어지고 있습니다. 지구 기온이 올라가면서 북극 바다의 얼음이 녹는 바람에 새로운 뱃길이 열렸습니다. 이렇게 되자 미국, 러시아, 중국 등 강대국들을 중심으로 경쟁에 불이 붙었습니다. 이 지역의 자원을 먼저 손에 넣고 이 지역에 대한 영향력을 키우기 위해서입니다. 기후 위기가 없었다면 일어나지 않았을 국제적 분쟁이 새롭게 생겨나는 거지요. 이처럼 기후 위기는 자연 생태계를 넘어 정치, 경제, 사회, 문화, 국가 안보, 국제 관계, 일상생활 전반에도 거대한 소용돌이를 일으키고 있습니다. 그리고 이 복합 소용돌이는 앞으로 훨씬 더 격렬해질 것입니다. 근본적으로 볼 때 지금 존재하는 이 모든 것은 기존의 기후 시스템에 맞추어 만들어졌으니까요.

그렇다면 절망에 빠져야 할까요? 그렇진 않습니다. 그래서도 안 됩니다. 쉬운 일은 아니지만, 지구 기온 상승을 1.5도 이내로 막으면 희망의 불씨를 살릴 수 있습니다. 물론 기후 위기가 멈추진 않을 것입니다. 기후 위기에 대응할 시간은 빠르게 줄어들고 있습니다. 하지만 최악의 상황을 피할 돌파구를 어떻게든 찾을 순 있습니다.

전문가 중에는 이런 주장을 하는 이들도 있습니다. 1.5도 이내로

막는 건 현실적으로 불가능하며, 설령 1.5도가 넘어가더라도 우리가 할 수 있고 또 해야 하는 중요한 일이 여전히 있다고 말입니다. 1.5도가 넘어가더라도 세상이 당장 멸망할 것처럼 체념할 게 아니라 더 나은 지구를 만들기 위해 끊임없이 노력해야 한다는 거지요. 어쨌거나 명백한 것은, 기후 위기를 가속하는 온실가스 배출을 얼마나 빠르게 줄이는가에 우리의 미래가 달렸다는 사실입니다.

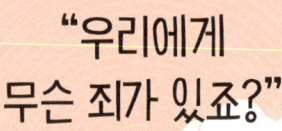

본격적인 기후 정의 이야기는 이제부터입니다. 기후 위기를 정의의 눈으로 들여다보면 어떤 진실이 드러날까요? 그 진실이 전하는 바는 무엇이며, 거기서 우리가 배울 것은 뭘까요? 기후 정의가 던지는 가장 중요하고도 일차적인 질문은 두 가지입니다. 하나는 '기후 위기는 누가 일으켰는가?'입니다. 다른 하나는 '기후 위기의 피해는 누가 당하는가?'입니다.

얼핏 생각하면 기후 위기는 모든 인류가 함께 일으킨 문제이고 그 피해 또한 모두가 똑같이 겪는 것처럼 보입니다. 그러나 이는 진실과는 동떨어진 얘기입니다. 가장 먼저 확인할 것은 '누가 기후 위기를 일으킨 주범인가? 하는 점입니다. 사람이라면 누구나 살면서 에너지를 사용하므로 모든 인류일까요? 맞습니다. 우리 모두 기후 위기에 책임이 있습니다. 하지만 훨씬 더 중요한 사실이 있습니다. 그 책임의 무게는 나라, 계급·계층, 집단, 세대, 개인 등에 따라 크게 다르다는 점입니다.

1장에서 투발루를 비롯해 바닷속으로 가라앉고 있는 슬픈 섬나라들 이야기를 소개했습니다. 한번 생각해 보세요. 산업시설 같은 것도 거의 없는 이 작은 나라들에서 그동안 온실가스를 배출했다면 얼마나 했을까요? 정말 보잘것없을 것입니다. 그런데도 이 나라들은 기후 위기 탓에 나라 자체가 사라질 지경에 처했습니다. 기후 위기 사태에 책임질 일이 없는 사람들이 정작 기후 위기가 일으키는 피해의 직격탄을 가장 크게 맞고 있는 셈이지요. 이들은 이렇게 항변합니다. "우리한테 무슨 죄가 있죠? 기후 위기를 일으킨 건 잘사는 선진국들인데, 그 피해는 왜 가난한 우리가 뒤집어써야 합니까." 식당에서 배불리 먹은 사람은 따로 있는데 나한테 음식값을 내라고 하면 기분이 어떨까요?

이들의 분노에 찬 목소리에 기후 위기의 주범이 누구인지에 대한 답변이 들어 있습니다. 그간 온실가스를 펑펑 내뿜어 온 선진국들이 그들입니다. 일찍부터 산업화를 이루고 물질의 풍요를 누리는

기후 위기 해결을 위해 전 세계인이 지금 행동해야 한다고 외치는 투발루 기후 행동 네트워크 (사진 출처: 컬처럴 서바이벌의 수라 나히브)

과정에서 엄청나게 많은 에너지를 사용한 게 그들이니까요. 실제로 현재만 보더라도 세계 인구의 20%에 불과한 선진국 사람들이 지구 전체 에너지와 자원의 80%를 소비하고 있습니다.

책임은 어디에?

오랜 세월에 걸쳐 온실가스를 누가 얼마나 배출했는지를 좀 더 구체적으로 알아보면 어떻게 될까요? 이 온실가스의 역사적 누적 배출량을 알면 오늘날 기후 위기의 책임이 어디에 있는지를 더욱 명확하게 알 수 있습니다. 이때 대개 기준으로 삼는 시기는 산업혁명 시작 시점인 1750년에서 최근인 2020년에 이르는 280여 년 정도입니다. 산업혁명을 출발점으로 잡는 것은 이때부터 화석연료 사용이 비약적으로 늘어났기 때문입니다.

국가 단위로 압도적 1위는 단연 미국으로서 25%나 차지합니다. 전 세계에서 여태껏 배출된 모든 온실가스 중 4분의 1이 미국 한 나라에서 나왔다는 뜻이지요. 미국은 세계 인구의 4%에 지나지 않지만 지금도 전 세계에서 생산되는 모든 에너지의 15%와 모든 전기의 20%를 사용하는 세계 최대 에너지 소비국입니다. 역사적 누적 배출량의 31% 정도는 영국, 독일, 프랑스 등을 비롯한 유럽 지역 전체가 차지합니다. 온실가스 누적 배출량 14%인 중국은 현재 시점에서 온실가스 배출량 1위입니다. 반면 아프리카는 모든 나라를 다 합쳐도 2.8%에 지나지 않습니다. 남미 대륙 국가들 또한 다 합쳐도 2.6%에 그칩니다. 경제 발전을 먼저 이루면서 오랫동안 세계를 쥐락펴락해 온 서구 선진국들과 최근 '세계의 공장'이라 불릴 정도로 빠른 경제성장을 이룬 중국 등이 여태껏 배출된 지구 전체 온실가스의 대부분을 내뿜어 왔다고 해도 지나친 말이 아니지요. 이에 어떤 이들은 서구 선진국들이 이룩한 산업화를 이렇게 비판하기도 합니다. 인류 모두의 공동 자산인 지구의 대기를 '도둑질'한 것과 마찬가지라고 말입니다.

한 가지 알아 둘 것은 온실가스는 한 번 배출되면 대기 중에 오랫동안 머문다는 점입니다. 특히 온실가스의 대부분을 차지하는 이산화탄소는 길게는 200년이 지나도 사라지지 않습니다. 따라서 오래전에 이산화탄소를 많이 배출하다가 지금은 적게 배출하더라도 오늘날 기후 위기의 책임에서 벗어날 수 없습니다. 정의의 관점에

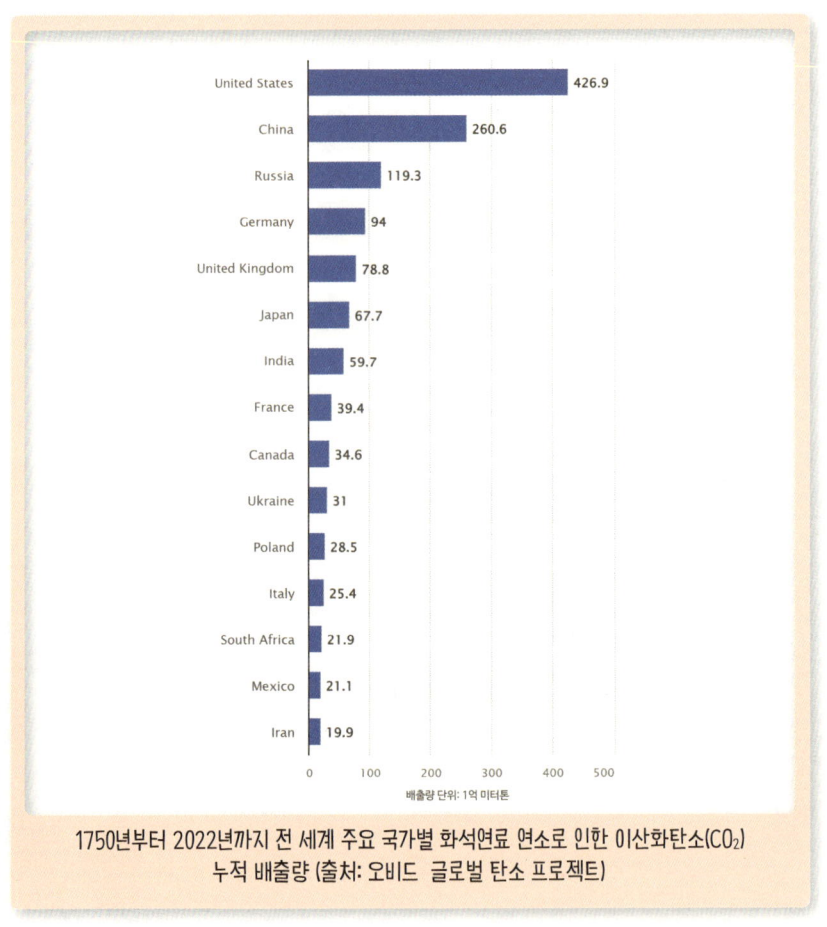

1750년부터 2022년까지 전 세계 주요 국가별 화석연료 연소로 인한 이산화탄소(CO_2) 누적 배출량 (출처: 오비드 글로벌 탄소 프로젝트)

서 온실가스의 역사적 누적 배출량을 따져보는 것이 중요한 이유입니다.

현재 시점의 배출량은 어떨까요? 2021년 기준으로 이산화탄소 배출량 상위 10개 나라가 세계 전체 배출량의 67%를 차지합니다. 배출량 순위대로 나열하면 중국, 미국, 인도, 러시아, 일본, 독일, 대한민국, 캐나다, 영국, 독일, 이란 등이 이들 나라입니다. 선진국들을 비롯해 최근 맹렬하게 경제성장을 밀어붙이는 나라들이지요. 이에 반해 200개가 넘는 나머지 나라의 이산화탄소 배출량은 모두 합쳐도 33% 정도에 지나지 않습니다.

바닷속으로 사라지고 있는 작은 섬나라들과 바닷가 낮은 지역에 있는 조그만 나라들의 온실가스 배출량은 극히 미미할 거라고 앞에서 말했습니다. 실제론 얼마나 될까요? 같은 처지에 놓인 이들 나라는 1990년부터 세계 기후협상에서 한 목소리를 내려고 '군소도서국가연합(AOSIS)'이라는 국제기구를 만들었습니다. 40여 개 나라가 여기에 가입했습니다. 한데 이 나라들의 인구와 온실가스 배출량은 모두 합쳐 봤자 각각 전 세계의 1%에도 미치지 못합니다. 특히 작은 섬나라들의 경우 국민 1인당 이산화탄소 배출량은 미국인의 100분의 1도 되지 않는다고 합니다.

온실가스를 누가 언제 얼마나 배출했는지를 살펴보면 기후 위기의 책임이 어디에 있는지 고스란히 알 수 있습니다. 국가를 기준으로 한다면 그 압도적인 책임은 그동안 경제성장을 이루고 물질의 풍요를 누리느라 에너지를 펑펑 써온 선진국과 강대국에 있습니다.

피해는 어디로?

주로 아시아, 아프리카, 라틴아메리카에 있는 수많은 개발도상국은 오랫동안 가난에 시달려 왔습니다. 그래서 이제 좀 잘살아 보겠다고 경제 발전을 하려고 애쓰고 있습니다. 근데 문제가 생겼습니다. 기후 위기가 전 지구적으로 깊어지면서 그만 모든 나라가 온실가스 배출량을 줄이지 않으면 안 되는 처지에 놓이게 됐지요. 선진국들이 저질러 놓은 일의 책임을 수많은 나머지 나라도 함께 지게 된 셈입니다. 이것만 해도 불공평한데 더 큰 문제가 있습니다. 산업화나 경제성장을 제대로 이루지 못해 온실가스 배출이 미미한 가난한 나라들이 기후 위기의 피해를 가장 집중적으로 당하고 있다는 게 그것입니다.

독일의 환경 연구 단체 저먼워치(Germanwatch)는 해마다 '글로벌 기후 위험 지수' 보고서를 발표합니다. 이에 따르면 2000~2019년 기간에 기후 위기 피해에 가장 취약했던 10개 나라 모두 동남아시아, 남아시아, 아프리카, 라틴아메리카 지역에 속한 나라였습니다. 1위부터 순서대로 푸에르토리코, 미얀마, 아이티, 필리핀, 모잠비크, 바하마, 방글라데시, 파키스탄, 태국, 네팔입니다. 대체로 가난하고 힘이 약한 나라들이지요.

이들 나라가 위치한 지역은 공통적으로 홍수, 가뭄, 태풍, 사막화 등 기후 위기에 따른 기상이변과 자연재해의 영향을 크게 받습니다. 이 나라들에서 해마다 평균 1만 명 정도가 극단적인 이상기후 현상으로 목숨을 잃을 정도입니다. 실제로 2010년부터 2020년까지 이들 지역에서 기후 위기로 사망한 사람이 다른 지역보다 15배나 더 많았습니다. 전문가들은 세계 전체에서 발생하는 기후 위기 피해의 약 75%가 가난한 나라들에 집중되며, 기후 변화 취약 지역에 사는 사람들은 그렇지 않은 지역보다 홍수와 가뭄, 해수면 상승 등의 피해를 볼 위험이 15배나 높다고 평가합니다.

이들 나라 가운데서도 특히 기후 위기 피해가 극심하기로 이름난 나라는 해안가에 많은 인구가 몰려 사는 인도양 연안의 방글라데시

2019년 허리케인 마리아에 초토화된 푸에르토리코
(사진 출처: 미국 국립암연구소)

입니다. 기후 관련 국제기구들은 해수면 상승 탓에 방글라데시 국토의 20%가 앞으로 30년 안에 사라지리라고 내다봅니다. 그 바람에 2050년까지 이 나라 인구 1억 7000여만 명 가운데 2000만 명에 이르는 기후 난민이 발생할 거라는 예측도 나오고요. 이 나라 사람들이 지난 50년 동안 배출한 이산화탄소의 양은 전 세계 배출량의 1%에도 미치지 못합니다. 그런데도 그 피해는 나라의 운명을 좌우할 정도로 큽니다.

다르푸르의 비극

아프리카의 수단이라는 나라에서는 기후 위기 탓에 지난 2003년부터 10년 넘게 대규모 학살 사태가 벌어지기까지 했습니다. 사하라사막을 끼고 있는 수단 서부에는 다르푸르라는 지역이 있습니다. 아랍계 사람들이 사는 북부는 사막지대이고, 아프리카계 사람들이 사는 남부는 초원지대입니다. 북부 아랍계는 유목민으로서 주로 가축을 기릅니다. 남부 아프리카계는 대체로 농사를 지으며 삽니다. 비가 넉넉하게 오지는 않지만 땅이 비옥한 편이어서 여러 곡물과 과일을 재배할 수 있지요.

그런데 1990년대 이후 기후 위기의 영향으로 가뭄이 갈수록 심

해졌습니다. 그에 따른 사막화로 사막지대는 넓어지는 대신 목초지는 크게 줄어들었습니다. 덩달아 물이 부족해지고 토양도 나빠졌습니다. 주변 환경 또한 망가졌고요. 아랍계 유목민들은 가축에게 풀과 물을 먹이기가 어려워졌습니다. 그러자 그들은 가축들을 먹이려고 아프리카계 사람들이 사는 지역의 농경지를 침범했습니다. 이것이 비극의 서막이었습니다.

아랍계와 아프리카계 사이의 갈등이 깊어지던 와중에 아랍계는 다르푸르 지역의 아랍화를 원하는 수단 정부의 지원을 등에 업고서 무장 집단을 만들었습니다. 이들은 아프리카계 사람들을 무차별로 공격했습니다. 인종 청소라는 말이 나올 정도로 학살, 약탈, 납치 따위의 만행을 마구 저질렀지요. 양쪽의 충돌로 폭력 사태는 계속됐고, 결국은 무려 30만 명이 넘는 사람이 목숨을 잃고 말았습니다. 난민으로 전락한 사람도 300만 명이 넘었고요. 다르푸르에서 벌어진 끔찍한 비극은 기후 위기가 낳은 최초의 학살 사태라는 점에서 세계적으로도 큰 주목을 받았습니다.

안 그래도 아프리카는 매우 가난합니다. 가장 큰 원인은 서구 강대국들의 제국주의 침략과 식민 지배입니다. 서구 강대국들은 아프리카의 자원과 노동력을 마구잡이로 착취했습니다. 여기에 정치적 독재와 권력층의 부정부패, 종교 및 종족 갈등, 자원을 둘러싼 다툼

등과 같은 요인들도 복합적으로 작용했습니다. 이런 터에 요즘은 기후 위기가 상황을 더욱 나쁜 쪽으로 몰아가고 있습니다. 다르푸르 이야기는 기후 위기가 사람들의 삶을 얼마나 비참하게 파괴하는지를 날것으로 보여 줍니다. 특히 나라든 지역이든 개인이든 가난할수록 기후 위기 공격의 집중 표적이 된다는 사실을 슬프게 일깨워 줍니다.

기후 위기로 더 부유해지는 나라들

　가난한 나라들과는 반대로 부유한 나라들은 상대적으로 추운 지역에 많이 자리 잡고 있습니다. 그래서 이 나라들은 기후 위기로 외려 경제적 이득을 얻기도 합니다. 이를 객관적으로 보여 주는 흥미로운 조사 결과도 있습니다. 미국 스탠퍼드대학 지구시스템과학과 교수들이 2019년 발표한 연구 결과가 그것입니다.

　기후 위기 전문가인 조천호 경희대 특임교수가 소개한 이 자료는 1961년에서 2010년까지 진행된 지구 온난화가 나라들 사이의 불평등을 더 악화시켰음을 밝히고 있습니다. 이 50년 기간에 누적된 이산화탄소 배출량이 1인당 300톤을 넘는 부유한 19개 나라 가운데 14개 나라는 지구 온난화로 1인당 국내총생산(GDP, 한 해 동안 한 나라에서 생산된 모든 최종 생산물의 가치를 합해서 시장 가격으로 나타낸 것)이 평균 13% 늘어난 것으로 나타났습니다. 그만큼 경제가 성장하고 국민소득이 늘어났다는 뜻입니다.

비교적 고위도 지역(적도에서 상대적으로 멀리 떨어진 극지방에 가까운 지역으로서 보통 위도 60~90° 지역을 가리킴)에 있어서 추운 편인 이 나라들은 기후가 따뜻해진 덕분에 농작물 수확량도 늘고 노동생산성도 높아졌기 때문입니다. 노동생산성이 높아졌다는 것은 노동자가 같은 시간을 일한다고 가정할 때 이전보다 더 많이 생산했다는 뜻입니다. 반대로 이 기간에 이산화탄소 누적 배출량이 1인당 10t에도 못 미치는 가난한 18개 나라는 모두 1인당 국내총생산이 17~31%나 줄어들었습니다. 그만큼 경제가 쪼그라들고 사는 형편이 어려워졌다는 뜻이지요. 이렇게 해서 가난한 나라와 부유한 나라 사이의 GDP 차이는 기후 위기로 약 25%나 더 벌어지게 됐습니다.

이런 현실에서 온실가스 배출량의 급격한 증가에 가장 큰 책임이 있는 강대국들은 기후 위기 문제를 다루는 국제회의나 세계적인 정책 결정에서도 강력한 영향력과 권한을 행사합니다. 물론 이들은 이런 힘을 기후 위기를 극복하는 데 사용하기도 합니다. 그렇지

만 자신들의 책임을 줄이거나 회피하는 데 활용할 때도 많습니다. 이는 기후 문제와 관련한 국제적 의사 결정에서 부정의와 불공평을 낳습니다. 무엇보다 이들 나라는 기후 위기 대응에 필요한 자금, 기술, 시설 등을 비롯한 각종 자원이 압도적으로 많습니다. 위기를 일으킨 주범이 피해는 다른 데로 떠넘기면서 자기에게 미치는 나쁜 영향은 최소화할 조건을 갖추고 있다는 얘기지요.

기후 위기에는 이처럼 불공평과 불평등 문제가 깊이 아로새겨져 있습니다. 한 번 더 강조하자면, 기후 위기의 책임이 모든 인류에게 있다는 식으로 두루뭉술하게 눙치는 건 잘못입니다. 이는 사실이 아닙니다. 공평하지도 않습니다. 이것이 정의의 눈으로 기후 위기를 볼 때 알게 되는 '불편한 진실'입니다.

4장

불평등으로 얼룩진
기후 위기

뉴올리언스와 뉴욕에서 이런 일이

　앞 장에선 나라와 나라 사이의 기후 부정의와 불평등 문제를 알아보았습니다. 다른 관계에서는 어떨까요? 먼저 두 가지 사례를 살펴보겠습니다.

　미국 남부 루이지애나주 미시시피강 어귀에는 멕시코만과 접한 뉴올리언스라는 항구 도시가 있습니다. 미국의 무역 중심지 가운데 하나이자 상공업과 금융업이 크게 발달한 도시지요. 음악 장르 중의 하나인 재즈가 탄생한 곳이기도 하고요. 흑인 문화에 프랑스, 스페인, 카리브해 지역의 전통이 뒤섞인 덕분에 이곳만의 독특한 문화와 음식이 발달한 이색적인 도시로 널리 알려져 있습니다.

한데 지난 2005년 8월 초대형 허리케인(북중미 대륙에서 발생하는 태풍을 일컫는 말) 카트리나가 이 지역 일대를 강타했습니다. 그 위력이 얼마나 강했던지 그만 뉴올리언스를 보호하던 제방이 무너지고 말았습니다. 최대 높이 6m에 이르는 물이 도시 전체를 덮쳤습니다. 이 도시는 본래 강 하구 늪지내를 개발해서 만든 도시여서 물난리에 취약합니다. 평소 감미로운 재즈의 선율이 거리에 흐르던 도시가 삽시간에 지옥의 물바다로 변했습니다. 공식 사망자만 1500명이 넘었고, 부서진 집이 10만 채에 이르렀습니다. 인명 피해와 재산 피해 모두 미국 자연재해 역사에서 최악을 기록한 대참사였지요.

여기서 눈여겨볼 점이 있습니다. 사망자 대다수가 흑인과 빈곤층이었다는 사실입니다. 물에 잠긴 지역 주민 중 80%가 흑인을 비롯한 유색인종이었고, 피해를 겪은 빈곤층의 70%가 흑인이었습니다. 왜 이렇게 됐을까요? 가난한 이들은 뉴올리언스 시내에서도 가장 낮은 지역에 있는 빈민가에 집중적으로 모여 살았습니다. 평소에도 침수 우려 탓에 이 지역의 주택 가격이나 임대료가 가장 쌌기 때문입니다. 물은 낮은 곳으로 흐르기 마련이니 피해가 커질 수밖에요. 특히 이들은 가난한 탓에 자가용 승용차 등과 같은 대피 수단이 없었습니다. 하루 벌어 하루 먹고살기에 바빠 허리케인에 대한 정보를 제대로 접하기도 어려웠고요.

　재난이 지나간 뒤 복구 과정에서도 비슷한 일이 되풀이됐습니다. 이들은 여기서도 소외당했습니다. 정부 당국의 안이한 늑장 대처가 피해를 더 키웠지요. 심지어 이 도시를 복구하느라 천문학적인 비용을 쏟아붓느니 차라리 뉴올리언스는 포기하고 다른 곳에 새로운 도시를 만들자는 얘기까지 나왔다고 합니다. 삶의 보금자리와 생계 수단을 한순간에 잃어버린 사람들에게 정말 절망적인 망언이 아닐 수 없지요. 그래서 이들은 "나도 미국 시민이다!", "백인들이 이 꼴을 당했어도 이렇게 할 거냐!" 등과 같은 분노에 찬 절규를 쏟아 냈습니다. 재난 피해자들의 고단한 삶은 재난 발생 전이나 후나 별반 다를 게 없었습니다.

　뉴올리언스는 오래전엔 목화를 수출해서 번영을 누리던 도시입니다. 근데 미국 남부의 드넓은 평야 지대에서 목화 산업이 융성한 배경엔 흑인 노예들을 가혹하게 착취한 어두운 역사가 새겨져 있습니다. 당시 뉴올리언스는 백인들이 아프리카에서 '사냥'해 온 흑인 노예들을 실어 나른 주요 통로였습니다. 도시 곳곳에 노예를 사고파는 노예시장이 섰더랬지요. 흑인으로서는 이 도시에서의 운명이 예나 지금이나 가혹하기 짝이 없는 셈입니다.

　이번엔 뉴욕 이야기입니다. 2012년 10월 허리케인 샌디가 뉴욕을 휩쓸었습니다. 전기 공급이 중단되는 대정전 사태가 발생하는 바람에 도시 중심부인 맨해튼마저 칠흑 같은 어둠에 휩싸였습니다. 사람 발길이 끊긴 것은 물론 분주히 오가던 차도 일제히 멈췄습니다. 하지만 끔찍한 재난에도 아랑곳없이 여전히 환한 빛을 내뿜는 곳이 한 군데 있었습니다. 세계적 투자은행인 골드만삭스의 본사 건물이었습니다.

골드만삭스는 허리케인이 닥치자 거대한 콘크리트 바리케이드와 수만 개의 모래주머니로 건물을 에워싼 뒤 발전기를 가동했습니다. 이 회사는 재난에 대응할 비상수단을 갖추고 있었습니다. 대다수 시민은 전력 공급이 끊기는 바람에 추위에 떨었습니다. 특히 빈곤층은 그 고통이 훨씬 컸습니다. 하지만 골드만삭스에 허리케인의 습격은 '남의 일'에 지나지 않았습니다. 튼튼한 '방패'로 무장한 그들은 재난의 소용돌이 속에서도 끄떡없이 세계 금융시장을 주물럭거렸습니다.

맹수가 약자부터 잡아먹듯이

뉴올리언스와 뉴욕을 덮친 것과 같은 초강력 태풍은 기후 위기가 깊어가면서 더욱 자주 발생하고 있습니다. 여기서도 강조할 것은 태풍과 같은 기후 재난에도 불평등과 차별이 엄연히 존재한다는 사실입니다. 기후 위기는 계층과 계급 사이의 전선을 가릅니다.

기후 위기 탓에 부쩍 느는 여름철 폭염을 한번 살펴볼까요? 폭염으로 큰 피해를 보는 이들은 누구일까요? 주로 뙤약볕 아래에서 고된 일을 하는 노동자나 농민, 에어컨 같은 냉방장치가 없는 쪽방이나 비닐하우스에서 사는 사람들, 아픈 몸으로 홀로 생활하는 노인 등입니다. 여름엔 전기 요금을 내지 못해 냉방을 하지 못하고 겨울엔

난방비 폭탄이 두려워 난방기기를 제대로 틀지 못하는 사람도 많습니다. 이들에게 불타는 더위와 매서운 추위는 '재난의 신호탄'입니다.

물 피해도 매한가지입니다. 갑작스레 폭우가 쏟아져 물난리가 났을 때 큰 피해가 발생하는 곳은 어딘가요? 제일 먼저 희생되는 사람들은요? 낮은 곳에 사는 사람들, 반지하 집 거주자 등입니다. 물은 무조건 낮은 곳으로 몰려가니까요. 피해자는 사회적·생물학적으로 약자일 때가 많습니다. 이들 또한 대다수는 가난한 사람입니다. 맹수는 사냥할 때 약한 동물부터 덮칩니다. 기후 위기로 발생하는 거의 모든 피해에서 이런 일이 벌어집니다.

기후 위기의 피해가 가난한 이에게 집중되는 이유는 뭘까요? 그것은 이들의 삶이 자연의 영향을 크게 받는 경우가 많아서입니다. 특히 이들의 생계유지 방식은 자연에 직접적으로 의존할 때가 많습니다. 예를 들어 전 세계에는 약 3억 7000만 명에 이르는 토착 원주민이 있습니다. 70여 개 나라의 주로 외진 지역에서 조상 대대로 한곳에 뿌리내리고 살아온 사람들이지요.

이들에게 숲, 강, 들, 골짜기, 바다 등은 삶의 터전이자 생계의 원천입니다. 원주민은 이런 자연에서 생활에 필요한 것, 이를테면 먹을 것, 마실 것, 요리나 난방에 필요한 땔감, 집이나 옷을 만드는 데

쓸 재료 등을 구합니다. 기후 위기는 이런 자연 생태계를 건강하게 유지해 오던 질서와 균형을 무너뜨립니다. 그 결과 원주민은 생존에 커다란 타격을 입게 됩니다. 오랜 세월 지켜오던 전통과 문화, 생활양식 등도 망가지고요.

이는 나라 차원에서도 마찬가지입니다. 개발도상국일수록 공장에서 물건을 만드는 제조업보다는 농업, 어업, 산림업 등의 비중이 큽니다. 이런 분야는 당연히 가뭄, 홍수, 태풍, 일조량(지표면에 비치는 햇볕의 양), 대기와 바닷물 온도 등의 변화에 큰 영향을 받습니다. 세계 전체를 둘러보면 특히 더 그렇습니다. 가령 인도에서는 기후 위기로 말미암은 극심한 가뭄으로 지난 30여 년 동안 6만 명에 가까운 농민이 스스로 목숨을 끊었습니다. 농작물 피해가 커지고 그에 따라 빚도 늘어나 먹고살기가 너무 고달파진 결과 빚어진 비극이지요.

이렇듯 숲이 망가지거나 줄어들고, 강수량 감소로 논밭이 황폐해지며, 태풍이 닥칠 때마다 강물이나 바닷물이 넘치는 지역에서 살아가는 사람들은 기후 위기가 깊어질수록 큰 고통을 당하고 있습니다. 여기서 중요한 변수로 작용하는 것은 나라의 위치와 지리적 특성입니다. 앞에서 언급한 기후 위기 피해가 큰 10개 나라는 대부분 아시아–태평양 지역의 바다와 접한 나라이거나 아프리카 나라입니다.

아시아와 아프리카 해안가 지역은 태풍이나 해수면 상승의 직격탄을 맞기 쉽고, 아프리카 내륙 지방은 가뭄과 사막화가 큰 피해를 낳습니다.

가난한 사람이 더 큰 고통을 당하는 또 다른 중요한 이유가 있습니다. 부유한 사람과는 달리 재난에 대응할 수단이 없다는 점이 그

것입니다. 허리케인 카트리나가 덮쳤을 때 대피하라는 경고를 받았음에도 이동할 자동차가 없어 희생된 사람들의 안타까운 사연이 이를 잘 보여 주지요. 가난하고 소외된 이들은 이렇듯 위험이 닥치면 커다란 피해를 보고 그 탓에 더 깊은 가난의 늪으로 빠지는 악순환이 계속될 때가 잦습니다.

이 또한 나라 차원에서도 마찬가지입니다. 기후 위기에 제대로 대처하려면 많은 것이 필요합니다. 하지만 가난한 나라는 시설이나 구조물은 물론 자본, 기술, 정보 등이 모두 부족합니다. 예컨대 홍수나 해일 등을 막는 제방, 물을 공급하는 저수지와 적절한 규모의 댐, 큰 지진에도 견디는 건물 등은 물론 기상관측소, 경보 및 대피 시스템, 부상자를 치료할 의료 시설, 도로와 교통 체계 등을 가난한 나라는 제대로 갖추지 못했습니다. 한마디로 재난 대비 시스템이 부실한 거지요.

게다가 이런 나라에 재난이 덮쳐 안 그래도 부족한 시설이 파괴되기라도 하면 돈이 없어서 빨리 복구하기가 힘듭니다. 설령 복구한다고 하더라도 아주 긴 세월이 걸릴 때가 많습니다. 이는 실제로 세계 곳곳에서 자주 벌어지는 일입니다. 이런 일이 되풀이되면 불평등을 낳는 구조가 더 단단히 굳어져 더 큰 불평등을 낳는 원인이 됩니다.

더 안타까운 것은 가난한 이는 대개 정치적인 영향력도 약하다는 점입니다. 이는 경제적인 빈곤과 깊이 맞물린 문제입니다. 지금의 세상이 돌아가는 방식은 돈이 곧 힘이라는 논리에 따르니까요. 그래서 가난한 이는 잘못된 현실을 개선하는 데 필요한 정치적 권리를 행사하지 못할 때가 많습니다. 설령 목소리를 내더라도 무시당하거나 억압당하기 일쑤고요. 경제적 불평등은 정치적 불평등을 낳고, 정치적 불평등은 경제적 불평등을 더 악화시킵니다. 이 또한 악순환의 연속입니다.

기울어진 운동장

　그렇다면 부유층과 빈곤층 사이의 온실가스 배출량 차이는 얼마나 될까요? 유엔 산하기관인 유엔환경계획(UNEP)이 2020년 12월에 공개한 보고서에 따르면, 세계 소득 상위 1%에 해당하는 사람들의 온실가스 배출량이 소득 하위 50% 사람들 전부의 배출량보다 두 배 이상 많았습니다. 세계적인 국제구호개발기구인 옥스팜(Oxfam)이 2020년 9월에 발표한 보고서는 세계 소득 상위 10%의 부유층이 세계 전체 이산화탄소 배출량의 52%를, 1%에 불과한 최상위 부유층이 전체 배출량의 15%를 차지한다고 밝혔습니다. 반면 세계 소득 하위 50% 이하 사람들이 차지하는 비중은 세계 전체 배출량의 7%에 지나지 않습니다. 그러니까 소득 상위 10%의 배출량이 소득 하위 50%의 배출량보다 7배 이상이나 더 많은 거지요.

세계 경제학자 100여 명이 참여해 여러 나라의 소득과 자산 관련 자료를 모아 놓은 '세계불평등데이터베이스(WID, World Inequality Database)'에서는 2019년 기준으로 세계 소득 상위 10%가 세계 전체 이산화탄소의 48%를 배출한 반면 소득 하위 50%는 12%를 배출했다고 밝혔습니다. 조사기관에 따라 약간씩 차이는 있지만, 이런 자료들은 온실가스 배출을 둘러싼 기후 불평등이 얼마나 심각한지를 잘 보여 줍니다.

그래서 온실가스의 국가별 배출량을 따지는 것도 필요하지만 각 나라 국민의 1인당 온실가스 배출량을 살펴보는 것이 매우 중요합니다. 국민이 가난하게 살더라도 인구 자체가 많고 본격적인 산업 발전을 추진하는 나라는 국가 전체로 보면 에너지를 많이 사용하고 그 결과 온실가스 배출량이 아주 많은 것으로 나타납니다. 하지만 이런 나라의 국민 한 사람 한 사람이 배출하는 온실가스의 양은 얼마 되지 않습니다. 가난한 사람들은 에너지를 많이 쓰지 않으니까요. 그래서입니다. 국가 전체 배출량만 따지다 보면 개개인의 빈부 격차에 따른 기후 불평등 현실이나 기후 위기에 대한 책임의 차이가 왜곡될 수도 있습니다.

예를 들어 볼까요? 현재 인도의 국가 전체 온실가스 배출량은 세계에서 세 번째로 많습니다. 중국과 미국 다음이지요. 인도 인구가 2023년에 중국을 제치고 세계 1위로 오를 만큼 엄청나게 많은 데다 한창 경제성장에 박차를 가하고 있어서입니다. 하지만 국민 1인당 배출량만 보면 인도는 2020년 기준으로 미국의 8분의 1에 지나지 않습니다. 즉, 세계 최고의 소비 왕국인 미국 사람들이 인도 사람들보다 기후 위기를 일으킨 책임이 8배나 더 크다는 얘기지요.

경제 발전 과정에 있는 개발도상국의 온실가스 배출 증가율이 높다는 점만 지나치게 비난의 표적으로 삼는 것도 짚어 볼 대목입니다. 실질적인 온실가스 배출 증가량 자체는 선진국이 더 많으니까요. 개발도상국도 물론 온실가스 배출량을 줄이려고 노력해야 합니다. 하지만 선진국들은 훨씬 더 큰 노력을 기울여야 마땅합니다.

이처럼 기후 위기에 얽힌 부정의의 전모를 온전히 파악하려면 온실가스 배출량을 단순히 국가별로 비교하는 차원을 넘어서야 합니다. 이에 더해 각 나라의 국민 1인당 배출량, 배출 증가율, 배출 증가량, 그리고 앞에서 강조한 역사적 누적 배출량 등을 입체적으로 살펴볼 필요가 있습니다.

우리나라는 어떨까요? 국제 환경단체 그린피스에 따르면 우리나라 부유층 상위 1%의 연간 1인당 이산화탄소 배출량은 하위 50%

1900년대 초, 스모그로 가득 찬 영국 웨스트요크셔의 핼리팩스
(사진 출처: KGPA Ltd)

의 26배에 이른다고 합니다. 상위 10%로 넓혀도 하위 50%의 8배나 되고요. 우리나라에서도 기후 위기의 운동장은 크게 기울어져 있습니다.

비행기를 덜 타자

　흥미로운 것은 방금 언급한 옥스팜 보고서에서 부유층의 이산화탄소 배출량 비중이 가장 높은 부문이 여행이라고 밝힌 점입니다. 주거, 옷, 음식, 일반 물품 구입 등보다 여행 쪽에서 이런 결과가 나온 것은 부유층일수록 대형차를 많이 몰고 비행기를 자주 타기 때문입니다. 특히 비행기는 이산화탄소 배출량이 많기로 악명이 높습니다.

　스웨덴과 독일 연구자들이 어느 국제 학술지에 발표한 2018년도 항공 부문의 이산화탄소 배출 불평등 실태 조사 결과에 따르면 북미(미국, 캐나다) 사람들과 유럽 사람들이 비행기를 탄 거리가 아프리카 사람들보다 각각 50배와 25배나 더 길다고 합니다. 눈길을 끄는 것은 세계 전체적으로 비행기를 타본 사람이 아주 적다는 점입니다. 국내선이든 국제선이든 비행기를 한 번이라도 타본 사람은 전 세계 인구의 11%에 불과하고, 특히 외국으로 나가는 국제선 비행기를 타본 사람은 세계 인구의 2~4%에 지나지 않는다고 합니다. 이렇게 보면 비행기 여행이야말로 기후 불평등을 가장 또렷이 보여주는 지표인지도 모를 일입니다. 실제로 요즘 생태적 실천에 관심 있는 이들 가운데 외국 여행을 비롯해 비행기 이용을 줄이려는 움직임이 눈에 띄게 늘어나고 있습니다. 국제 행사나 회의도 온라인 방식으로 대체하려는 움직임도 활발해지고 있고요.

인구문제도 비슷한 맥락에서 짚어 볼 수 있습니다. 많은 사람이 식량 부족, 자원 고갈, 생태 위기 등을 일으키는 주요 원인이 인구 증가라고 주장합니다. 그 와중에 특히 인구가 빠르게 늘고 있는 아시아, 아프리카, 라틴아메리카 지역 사람에게 비난의 화살이 쏠리곤 합니다. 마치 이들이 지구를 망치는 주범이기라도 한 양 말입니다. 이게 타당할까요?

세계 전체를 볼 때 인구가 많은 편이고 지나친 인구 증가가 바람직하지 않은 건 사실입니다. 하지만 여기서도 전 세계 자원과 에너지의 대부분을 소비하는 건 선진국과 부유층이라는 사실을 잊지 말

아야 합니다. 인구가 똑같이 늘어나더라도 개발도상국보다 선진국 인구가 늘어날 때 증가하는 온실가스 배출량이 훨씬 더 많다는 얘기지요. 무엇보다 지구의 건강과 안녕은 단지 지구상에 살아가는 사람의 수로만 결정되는 게 아닙니다. 자원, 에너지, 식량, 물건 등을 필요 이상으로 과잉 소비하면서 이 지구를 진짜로 망가뜨리는 사람들은 누구인가요?

지난 2009년 우리나라에서 가장 큰 기업의 회장이 사는 집 한 달 전기 요금이 2400만 원이나 나왔다고 언론에 보도돼 사람들이 깜짝 놀란 적이 있습니다. 당시 일반 주택 전기 요금 평균의 150배에 달하는 액수였지요. 한데 바로 그해에 전기 요금을 내지 못해 전기가 끊긴 가구 수가 전국적으로 17만 가구였다고 합니다. 이런 현실이 기후 위기라는 괴물을 낳았습니다. 골고루 나눠야 할 부가 소수의 특정 집단에 지나치게 많이 쏠리는 불평등한 사회경제 구조는 환경 위기의 중요한 뿌리 가운데 하나입니다.

미래 세대, 여성, 다른 동식물은?

세대 사이라고 다를까요? 에너지 소비가 선사해 주는 이득과 혜택을 누리는 건 지금을 살아가는 현세대입니다. 하지만 그 결과로 발생한 기후 위기의 피해와 그 피해를 줄이는 데 필요한 비용 부담 등과 같은 수고는 고스란히 미래 세대 몫으로 떠넘겨집니다. 미래 세대는 지금의 기후 위기에 아무런 책임이 없는데도 말입니다. 게다가 한 번 배출된 온실가스는 짧게는 몇 년, 길게는 몇백 년이나 대기 중에 머뭅니다.

앞서 언급한 조천호 교수의 글에는 벨기에 공공대학이 주도한 기후 위기의 세대 간 불평등 연구 결과도 소개돼 있습니다. 이에 따르

2021년 유니세프 보고서에 따르면 세계 어린이 절반이 기후 위기로 극심한 위험에 처해 있다고 함.(사진 출처: 하비에르 산체스-몽주 에스카르도)

면 2021년에 태어난 어린이들은 60년 전에 태어난 사람들보다 평균적으로 7배나 더 많은 폭염, 2배 더 많은 산불, 거의 3배나 많은 가뭄·홍수·굶주림에 시달리게 될 거라고 합니다. 더 큰 문제는 이런 미래 세대가 자기 목소리를 낼 방법이 없다는 점입니다. 미래 세대는 기후 문제와 관련한 의사 결정 과정에 참여할 수 없습니다. 현대 민주주의가 안고 있는 근원적 결함 가운데 하나가 이것입니다.

앞에서 환경 정의는 생물학적 약자를 배려하는 것을 중요하게 여긴다고 했습니다. 어린이, 노인, 여성, 장애인 등이 대표적이지요. 기후 위기 문제에서도 마찬가지입니다. 극심한 추위나 더위가 들이닥치면 신체적으로 연약한 어린이와 노인 등이 더 큰 고통과 희생을 당하리라는 건 뻔한 일이잖아요?

여성은 어떨까요? 여성들은, 특히 자연에 기대어 살아가는 가난한 나라의 여성들은 전통적으로 물과 땔감을 구해 오거나 가축을 돌보는 일 등을 떠맡아 왔습니다. 기후 위기 탓에 가뭄이 들거나 숲이 훼손되거나 농사를 망치거나 하면 이런 일을 하는 것이 더 고단해집니다. 덩달아 그만큼 더 큰 위험에 빠지기도 합니다. 이를테면 물을 구하러 점점 더 먼 곳으로 가야 하지요. 만약 이런 일들을 어린 여자아이가 맡고 있다면 어떻게 될까요? 이 아이는 가족의 생계를 위해 이런 일들을 하느라 학교에 가지 못하게 될지도 모릅니다. 교육을 제대로 받지 못하면 그 아이가 이후 성장해서 자기 삶을 꾸려 나가는 데 큰 어려움을 겪을 가능성이 높아집니다.

게다가 여성은 대체로 남성보다 직장에 다니는 이가 적고, 같은 일을 해도 남성보다 적은 임금을 받습니다. 직장의 경영 여건이나 사회 전반의 경제 상황이 어려워지면 먼저 해고당하는 사람도 여성일 때가 많습니다. 반면에 토지 소유권 같은 재산권은 대부분 남성이 가집니다. 그러니 여성들은 가난이나 식량 부족 등에서 비롯하는 고통을 남성보다 더 크게 당할 수밖에 없습니다. 요컨대 여성이 부당한 피해를 많이 보고 위험에 자주 처하는 주된 이유는 여성이 신체적으로 약하거나 능력이 모자라서가 아니라 사회적으로 뿌리 내린 성차별 구조의 산물이라고 할 수 있습니다. 이는 기후 위기 상황에서 여성을 더 큰 고통으로 몰아넣는 배경이 됩니다.

대표적 약자라고 할 수 있는 장애인이라고 다를까요? 다른 것을 다 떠나서 이런 상황 하나만 떠올려 봐도 되겠지요. 휠체어에 의존하는 장애인이 갑자기 재난이 닥치면 손쉽게 대피할 수 있을까요?

이렇듯 기후 위기가 쏘아 대는 불화살은 제일 먼저 약자들을 향하게 되고, 그 결과 가난과 불평등의 골은 더욱 깊어지게 됩니다.

시야를 더 넓히면 우리 인간과 다른 생물종 사이도 다르지 않습니다. 충분하든 모자라든 사람은 어쨌거나 나름대로 기후 위기에 대처할 수단이나 자원을 갖추고 있습니다. 하지만 다른 동식물은 기후 위기의 타격을 맨몸으로 당할 수밖에 없습니다. 수많은 생물종이 멸종 위기로 내몰리는 게 대표적인 보기지요. 수난을 겪는 건 야생동물만이 아닙니다. 예를 들면 물난리가 났을 때 목줄 따위에 묶였거나 우리에 갇힌 탓에 많은 반려동물이 도망가지도 못한 채 희생당합니다. 기후 위기를 일으킨 건 인간인데 인간 아닌 존재들이 왜 이런 고통을 당해야 할까요?

기후 위기는 최악의 인권 파괴다

　지금까지 살펴봤듯이 기후 위기는 단지 자연의 비정상적인 변화에서 끝나는 문제가 아닙니다. 나라, 지역, 계급·계층, 세대, 나이, 성별, 생물종 등을 비롯해 다양한 차원에 걸쳐 정의와 공평성을 망가뜨리고 있습니다. 그래서입니다. 기후 위기는 자연의 문제인 동시에 사회문제이자 정치문제라고 할 수 있습니다. 불평등한 권력의 문제가 얽혔을 뿐만 아니라 수많은 사람의 생명권, 생존권, 건강권, 주거권, 노동권 등이 연관된 인권 문제이기도 합니다.
　최근 들어 기후 난민을 기후 위기의 상징으로 삼자는 얘기들이 부쩍 늘어난 것도 이런 배경에서입니다. 그동안은 녹아내리는 얼음

위에서 어쩔 줄 몰라 하는 북극곰 같은 것이 흔히 기후 위기의 상징으로 여겨져 왔습니다. 즉, 기후 난민을 강조하자는 제안에는 다른 동물보다는 사람이 직접 겪는 일을 내세우는 것이 기후 위기가 얼마나 절박하고 심각한지를 알리는 데 더 효과적이라는 문제의식이 담겨 있다고 할 수 있습니다.

기후 위기는 이렇듯 이전에는 존재하지 않았던 새로운 종류의 비극을 낳고 있습니다. 정의의 관점에서 주목할 것은, 그 와중에 불평등이라는 독버섯 또한 무서운 규모와 속도로 자란다는 점입니다. 이에 2019년 유엔 빈곤·인권 특별보고관 필립 올스턴은 기후 위기가 '기후 아파르트헤이트(Climate Apartheid)'를 불러일으킴으로써 빈부 격차가 더욱 깊어지리라고 전망했습니다.

'아파르트헤이트'란 백인종과 유색인종을 격리하는 인종차별 정책을 일컫는 말입니다. 특히 남아프리카공화국의 극소수 백인 지배 세력이 인구 대부분을 차지하는 흑인을 혹독하게 짓밟은 인종차별 정책이 가장 악명 높은 사례로 꼽힙니다. 그러니까 기후 아파르트헤이트란 기후 위기가 빈부 격차에 따른 극심한 차별과 사람들 사이의 계급적 분리를 낳는 현상을 가리키는 셈이지요. 유엔 보고관은 이렇게도 말했습니다. "기후 위기는 다른 어떤 것보다 가난한 사람들에게 가하는 부도덕한 공격이다."

남미 칠레에서 첫 여성 대통령을 지냈던 미첼 바첼레트 유엔 인권최고대표가 "기후 위기는 제2차 세계대전 이래 최악의 인권 위협이다"라고 밝힌 것도 이런 맥락에서입니다. 기후 위기는 늘 불평등 문제, 인권 문제와 한 몸처럼 붙어 있습니다. 기후 위기를 이겨 내는 싸움의 선두에 기후 성의의 깃발을 내걸어야 할 이유입니다.

5장

기후 정의의 깃발

선진국들이 갚아야 할 빚

　기후 위기의 밑바닥에 깔린 불평등과 부정의, 그리고 무책임의 문제를 해결하려면 어떻게 해야 할까요? 이제까지의 이야기에서 잘 드러나듯이 가장 중요한 일은 선진국과 부유층 등 기후 위기를 일으킨 주범이 자신의 책임을 다하는 것입니다.

　그래서 나온 말이 있습니다. '기후 부채'란 말이 그것입니다. '부채(負債)'란 빚을 뜻하는 한자어입니다. 오늘날 기후 위기의 피해를 집중적으로 당하는 나라들은 선진국들을 향해 이제 빚을 갚으라고 촉구하고 있습니다. 선진국이 갚아야 할 '빚'은 단지 도덕적 차원에서 끝나지 않습니다. 경제와 재정, 법이나 정치 등의 차원에서도 마땅히 책임을 져야 합니다.

　이는 현실적으로도 매우 중요합니다. 기후 재난에 제대로 대처하려면 막대한 돈과 기술이 필요하니까요. 선진국은 이런 것이 많이 있으므로 이들이 감당해야 할 몫이 클 수밖에 없습니다. 이들의 책임이 자기 나라의 온실가스 배출량을 줄이는 데서 끝나선 안 됩니다. 선진국들이 갚아야 할 빚은 기후 위기 피해가 집중된 개발도상국에 대한 것일 뿐만 아니라 이 지구 전체와 미래 세대, 인간 아닌 동식물 모두에 대한 것이기도 하니까요. 이런 문제들을 종합적으로 고려해야 온전한 기후 정의를 이룰 수 있습니다.

　하지만 선진국의 태도는 소극적입니다. 여론의 압박에 밀려 자신들의 책임을 마지못해 인정하는 척하면서도 실질적인 행동에는 좀체 나서지 않는 게 현실이지요. 예를 들면 2009년 덴마크 코펜하겐에서 제15차 유엔기후변화협약 당사국총회(COP15)가 열렸습니다. 여기서 주요 선진국은 개발도상국의 기후 위기 대응을 돕기 위해 해마다 1000억 달러를 지원하기로 합의했습니다. 그러나 선진국들은 약속을 지키지 않았습니다.

　2022년 이집트 샤름 엘 세이크에서 열린 제27차 당사국총회(COP27)에서도 그랬습니다. 이 회의에서도 기후 위기로 개발도상국들이 겪은 '손실과 피해'를 복구하기 위한 기금을 만든다는 데 합

"저희는 기후위기를 가져온 것에 큰 책임을 느끼고 있습니다. 앞으로 최선을 다해…"

선진국

강대국

의가 이루어지긴 했습니다. 책임지기 싫어서 반대하는 선진국들과 절박한 처지에서 목소리를 높인 개발도상국들이 맞부딪히면서 간신히 도달한 결론이었지요. 하지만 선진국들은 그런 합의를 했다고 해서 법적 책임을 지는 건 아니라고 발뺌하기에 바빴습니다. 그 바람에 누가 얼마를 어떤 방식으로 부담할지, 어떤 피해를 어느 시점부터 보상할지 등 핵심적이고도 구체적인 방법은 정해지지 않았습니다. 이 기금이 제대로 마련될지를 둘러싸고 우려의 목소리가 높아지는 까닭입니다.

이 회의에서 또 한 가지 눈여겨볼 점이 있습니다. 개발도상국 지도자들이 선진국에 요구한 것이 '지원'이 아니라 '보상'이라는 사실이 그것입니다. 지원은 일단 말뜻 자체가 도와준다는 것입니다. 게다가 돈을 빌려주는 방식을 취하기 쉽습니다. 반면 보상은 남에게 진 빚이나 남에게 끼친 손해를 책임지고 갚는 것을 가리키는 말입니다. 그만큼 선진국들의 기후 위기 책임을 엄중하게 묻겠다는 거지요. 기후 부채라는 문제의식에 걸맞은 방식은 보상입니다.

두말할 나위도 없이 계급·계층 차원에선 부유층의 책임과 의무가 매우 무겁습니다. 세계에서 가장 부유한 상위 10% 사람이 유럽 사람의 평균 수준으로 온실가스 배출량을 줄이면, 나머지 90% 사람들이 전혀 줄이지 않아도 전 세계 온실가스 배출량의 3분의 1을 줄일 수 있다고 주장하는 전문가도 있습니다. 만약 이게 사실이라면 세계 대부분 사람이 온실가스 배출량을 줄이려고 애쓰지 않아도 기후 위기 대응에 성공한다는 얘기가 됩니다. 그만큼 부유층의 과도한 사치와 낭비를 막는 것은 중요한 과제입니다.

그럼 가난한 나라나 개도국은 어떻게 해야 할까요? '우리도 잘살아 보세!'라고 외치며 선진국이 여태껏 그랬던 것처럼 온실가스를 펑펑 내뿜으면서 산업화의 고속도로를 질주하면 될까요? 그건 아닐 것입니다. 그리되면 기후 위기가 더 깊어져 지구가 한층 위태로워지는 건 물론이고 결국에는 그 나라들 역시 피해를 보게 될 테니까요. 그러므로 이런 나라들도 이제는 경제적 발전을 추구하더라도 기존 방식이 아닌 새로운 길을 가기 위해 노력해야 합니다.

얘기를 정리하면 결론은 이렇게 됩니다. 부유한 선진국부터 앞장서서 자신의 책임에 걸맞게 온실가스 배출량을 크게 줄이되, 동시에 개발도상국도 이에 점차 동참하고 선진국은 이들에게 자금과 기술 등을 대폭 제공함으로써 개도국의 동참을 적극적으로 도와야 한다는 게 그것입니다. 이것이 기후 정의의 정신에 따른 현명한 기후 위기 대응책입니다. 이는 일반적으로 '공동의, 그러나 차별화된 책임(common, but differentiated responsibility)' 원칙이라 불립니다. 인류 공동의 책임이지만, 무엇보다 그 책임의 무게는 서로 다르다는 것을 강조한 거지요. 이 원칙은 1992년 유엔기후변화협약에서 처음 천명했고, 2015년 전 세계에서 온 각국 대표들이 합의해서 만든 파리협정에서도 다시금 강조한 바 있습니다.

자금과 기술을 제공하라

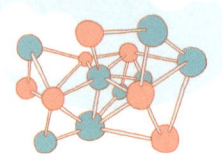

 한 가지 덧붙일 얘기가 있습니다. 기후 위기 대응책에는 크게 두 가지가 있습니다. 하나는 '감축(저감 혹은 완화, mitigation)'이라고 부릅니다. 이는 온실가스 배출량을 줄이거나 이미 발생한 온실가스를 흡수하는 걸 말합니다. 기후 위기의 진행 속도를 늦추는 것이지요.
 다른 하나는 '적응(adaptation)'이라고 합니다. 이는 기후 위기가 일으키는 피해나 위험을 줄이고 기후 위기 해결에 도움이 되는 유익한 기회는 늘리는 걸 말합니다. 예를 들면 기후 위기로 피해를 본 가난한 나라들과 빈곤층을 지원하거나, 기후와 관련된 사회기반시설(도로·철도 등 교통 시설, 통신 시설, 전기 생산이나 공급 등과 관련된 에너

파키스탄 홍수 피해 지역의 임시 학습 센터에서 공부하는 어린이
(사진 출처: 유엔 인도주의업무조정국)

지 시설, 상하수도 등 물 관련 시설 등)을 많이 만들거나 튼실하게 정비하고, 재난 대비 시스템을 늘리는 것 등이 여기에 포함됩니다.

더 구체적인 보기로, 폭우로 말미암은 물난리에 대비한 적응 조치로는 어떤 것이 있는지 살펴볼까요? 반지하 집에 사는 이들이 안전한 곳으로 이사할 수 있도록 값싼 공공주택 공급하기, 물이 잘 빠지도록 배수 시설 관리하기, 많은 사람이 몰리는 지하철역에 튼튼한 물막이 시설 설치하기 등을 꼽을 수 있습니다. 물난리뿐만 아니라 극심한 더위와 추위, 산불, 가뭄, 태풍 등 다른 기후 재난의 대비책도 이런 식으로 마련해야 합니다. 이것이 '적응'입니다.

한데 이런 일을 하려면 당연히 돈과 기술이 필요합니다. 기후 정의가 '감축'뿐만 아니라 '적응'에서도 이루어져야 하는 이유입니다. 기후 위기가 일으키는 피해를 해결하고 기후 위기를 극복하는 데 필요한 여러 자원이나 역량을 공평하게 부담하는 것, 그리고 이 과정에서 선진국이 자금과 기술을 많이 제공하는 것이 핵심입니다.

여기서 주의할 것은 가난한 나라와 개도국이 안고 있는 '이중의 문제'를 해결하는 데 도움이 돼야 한다는 점입니다. 이들 나라는 가난에서도 벗어나야 하고 기후 위기에도 대응해야 합니다. 어느 하나도 소홀히 할 수 없는 두 가지 과제를 동시에 해결해야 합니다. 쉽지 않은 일이지요. 기후 정의를 세우는 과정에서 이들 나라의 이런 처지를 세심하게 배려할 필요가 있습니다.

파리협정의 빛과 그늘

　그동안 국제사회에서는 기후 위기에 대처하려고 다양한 노력을 기울여 왔습니다. 가장 대표적인 두 가지는 수많은 세계 사람이 모여서 만든 '교토의정서'와 방금 언급한 '파리협정'입니다.
　1997년 12월 채택되고 2005년에 공식 발효된 교토의정서의 핵심 내용은 미국과 일본 그리고 유럽 여러 나라를 비롯해 온실가스를 많이 배출한 38개 선진국이 2008년에서 2012년 사이에 의무적으로 온실가스 배출량을 1990년 대비 5.2% 줄인다는 것이었습니다. 온실가스를 역사적으로 많이 배출해 온 선진국부터 먼저 온실가스 배출량을 줄여야 한다는 국제적 합의였지요. 하지만 세계에서 온실가스를 가장 많이 배출해 온 미국은 자기들 경제에 너무 손해라면서 여기에 참여하지 않았습니다. 또 여러 나라 사이에 복잡하게 얽힌 이해관계도 제대로 조정되지 못했습니다. 결국 교토의정서는 별다른 성과를 거두지 못하고 끝나고 말았습니다.

그 뒤 세계 사람들이 다시 모여 2015년에 새롭게 만든 것이 파리협정입니다. 현재 세계 기후 위기 대응의 포괄적인 지침 구실을 하고 있지요. 여기선 세계 모든 나라가 지구 온도 상승 폭을 21세기 말까지 산업혁명 이전 대비 2도 훨씬 아래로 억제하고 최소한 1.5도를 넘지 않도록 노력한다는 국제적 합의가 이루어졌습니다. 앞에서도 강조한 지구 최후의 방어선 1.5도가 설정된 하나의 배경이 여기에 있습니다.

그런데 파리협정이 새로운 '희망의 등불'이 되기엔 한계가 또렷하다는 지적이 높습니다. 각 나라가 온실가스 감축 방안을 제출하는 것은 의무 사항으로 규정했지만, 그것의 실제 이행은 의무 사항으로 못 박지 못한 탓이 가장 큽니다. 모두가 '노력'하기로 합의했을 뿐 목표를 이루는 데 꼭 필요한 법적인 구속력은 없다는 뜻이지요. 실제로 적지 않은 나라가 겉으로 내세우는 말과는 달리 자기들 이해관계에 따라 온실가스 배출량을 줄이는 일에 미적거리고 있습니다. 물론 이 협약에 따라 온실가스 배출량을 언제까지 얼마나 줄이겠다는 목표를 공식적으로 발표하고 이를 실천하기 위해 노력하는 나라들이 늘어나긴 했습니다.

파리협정의 중요한 특징은 최근 들어 온실가스 배출량이 급격히 늘어난 개발도상국들에도 배출량 감축 의무를 부과했다는 것입니다. 최근에 초고속 경제성장을 이루면서 온실가스 배출량 세계 1위 나라로 등극한 중국이 대표적이고, 우리나라도 여기에 포함되지요. 이는 주로 선진국들의 온실가스 감축에 초점을 맞춘 이전의 교토의정서와 파리협정이 가장 도드라지게 구별되는 점입니다.

갈 길은 멉니다. 지구는 갈수록 뜨거워지는데 시원한 돌파구는 열리지 않고 있습니다. 파리협정에서도 '기후 정의'라는 용어를 명시하긴 했습니다. 하지만 상징적인 선언 정도에 그친다는 비판이 제기되기도 합니다. 기후 정의의 목소리가 더 크게 울려 퍼져야 할 때입니다.

평화를 위한 기후 정의

 기후 위기와 평화는 어떤 관계를 맺고 있을까요? 평화는 우리 모두의 간절한 소망입니다. 기후 정의는 세계 평화와도 밀접한 관련이 있습니다. 전쟁을 비롯해 세계 곳곳에서 끊임없이 벌어지는 군사 활동에서도 엄청난 양의 온실가스가 배출되기 때문입니다. 군사 활동은 단일한 요소로서 자연 생태계를 가장 크게 파괴하는 인간 활동입니다.

 예를 들어 볼까요? 인권 전문가로 널리 알려진 조효제 성공회대 교수가 쓴 『탄소 사회의 종말』이라는 책에 따르면, 하나의 조직으로서 전 세계에서 온실가스를 가장 많이 배출하는 곳은 미군이라고

다른 나라를 공격하는 미국의 B-52 장거리 전략폭격기
(사진 출처: 위키피디아)

합니다. 미군을 하나의 국가로 가정하면 미군보다 온실가스를 적게 배출하는 나라가 무려 140개국이나 된다지요. 미국 공군에서는 B-52라는 이름의 장거리 전략폭격기를 운용합니다. 이 폭격기 한 대가 한 시간 비행하려면 도시의 평균적인 운전자가 승용차를 7년 동안 운행할 수 있는 정도의 석유가 필요하다고도 합니다. 인도 출신의 작가 아미타브 고시가 쓴 『육두구의 저주: 지구 위기와 서구 제국주의』를 보면 2003~2011년에 벌어진 이라크 전쟁 때 미군이

중동 지역의 군사 작전 하나를 수행하는 데 사용한 석유의 양이 인구 세계 8위인 방글라데시 전체가 1년간 소비하는 석유의 양보다 많다는 대목이 나오기도 합니다.

　이런 판국에 세계적으로 군사비가 계속 늘어나고 있습니다. 스웨덴의 권위 있는 외교·안보 연구소인 스톡홀름국제평화연구소(SIPRI)의 최근 보고서에 따르면 2022년 세계 군사비가 우리 돈으로 약 2982조 원으로서 역사상 최대 규모였다고 합니다. 자연을 살리고 사람을 잘살게 하는 데 써도 모자랄 돈을 이렇게 써도 될까요? 게다가 군사비가 는다는 것은 지구 곳곳에서 적대적 분쟁과 충돌이 늘고 군사적 긴장이 높아진다는 뜻입니다. 하지만 기후 위기를 해결하려면 국제적인 상호협력을 더 단단히 다져 나가야 합니다. 이런 측면에서도 군사비나 군사 활동 증가는 기후 위기 대응에 걸림돌로 작용한다고 할 수 있습니다.

　여기서도 가장 큰 역할을 담당해야 할 주체는 강대국들입니다. 특히 유엔안전보장이사회(세계 평화와 안전을 지키고 국제적 분쟁을 해결하려는 목적으로 설치한 유엔의 핵심 기관)에서 막강한 영향력을 행사하는 미국, 중국, 영국, 프랑스, 러시아 등이 중요합니다. 이 나라들은 그동안 공식적인 핵무기 보유국으로서 국제사회에서 막강한 영향력과 함께 커다란 특권을 누려 왔습니다. 그만큼 세계 평화를 위해 노력해야 할 책임 또한 큽니다.

가장 먼저 할 일은 무기 생산과 운용, 군대의 규모, 군사 훈련 등을 줄여 군사적 활동 전체에서 온실가스 배출량을 줄이는 것입니다. 그 과정에서 장기적으로 무기 등 전쟁과 군대 유지에 필요한 물품을 생산하는 업체가 재생에너지 설비를 비롯해 사람과 자연에 도움이 되는 물품을 생산하는 업체로 전환할 수 있다면 더욱 바람직할 것입니다. 군사비를 줄여서 마련한 돈으로 기후 위기 대응을 비롯해 이 지구와 인류가 절실히 필요로 하는 일에 사용하면 얼마나 좋을까요.

전쟁과 군사비 증가는 세계 평화를 파괴하는 데서 끝나는 게 아니라 기후 위기도 악화시킵니다. 평화와 정의는 긴밀히 연결돼 있습니다. 전쟁을 막고 군사비 경쟁을 멈추는 것은 세계 평화와 기후 정의 실현에 동시에 이바지할 수 있는 맞춤한 방도입니다.

또 다른 무기,
기후 소송

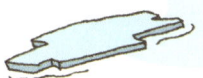

이번엔 기후 소송 이야기입니다. 이게 뭘까요? 2019년 네덜란드 법정에서는 이색적인 판결이 내려졌습니다. 서구 국가 중에서 역사상 처음으로 온실가스 배출량을 줄일 책임이 정부에 있다는 것을 명백히 밝힌 법원의 최종 판결이 나온 겁니다. 이른바 '위르헨다 판결'입니다. 네덜란드 환경단체인 위르헨다재단은 2013년 886명의 시민과 함께 정부에 더 적극적인 온실가스 감축을 요구하며 소송을 제기했습니다. 소송이란 법률상의 판결을 법원에 요구하는 것을 말합니다.

위르헨다재단과 시민들은 정부가 제시한 온실가스 감축 목표가

네덜란드 법원이 획기적인 위르헨다 기후 소송을 심리하는 모습
[사진 출처: 샹탈 베커(위르헨다 재단)]

기후 위기의 심각성에 비추어 볼 때 너무 미흡하다고 주장했습니다. 당시 네덜란드 정부는 2020년까지 1990년 대비 14~17%의 온실가스 감축을 목표로 하고 있었습니다. 또한 시민들은 정부가 기후 위기에 소극적으로 대응해 국민의 기본권이 침해당하지 않도록 해야 하는 '주의 의무'를 어겼으며, 나아가 생명권을 규정한 유럽인권협약 제2조 등을 위반했다고도 주장했습니다. 이에 1심과 2심을 거쳐 네덜란드 대법원은 2019년 시민들의 주장대로 "정부는

2020년 말까지 온실가스 배출량을 1990년 대비 최소 25%를 감축해야 할 의무가 있다."라는 판결을 최종적으로 확정했습니다. 시민들의 통쾌한 승리였습니다.

이 판결에서 주목할 것은 두 가지입니다. 하나는 '인권 침해'라는 법적 기준을 바탕으로 더 과감한 기후 위기 대응을 촉구한 소송이 승리를 거뒀다는 점입니다. 기후 위기가 사람들의 생존이나 삶과 직결된 '생명권'을 파괴한다는 것을 법의 이름으로 공식 인정했다는 거지요. 다른 하나는 인권 차원에서 기후 위기 대응의 책임이 정부에 있다는 것을 명백히 밝혔다는 점입니다. 국가는 국가 자신이 직접 인권을 침해하지 않더라도 국민의 인권을 보호할 책무가 있습니다. 즉 기업이나 특정 집단, 혹은 개인 등이 시민의 인권을 침해하면 국가가 나서서 이를 막아 줄 의무가 있다는 얘기지요. 방금 언급한 '주의 의무(duty of care)'가 이것입니다. 정리하면, 기후 위기는 사람들의 기본 인권을 파괴하는 것이며 국가는 이를 막을 의무가 있다는 것을 법으로 확인한 첫 사례가 위르헨다 판결이라고 할 수 있습니다.

이처럼 기후 위기를 둘러싸고 벌어지는 소송을 '기후 소송'이라고 합니다. 위르헨다 판결을 계기로 기후 소송이 세계 곳곳으로 빠르게 퍼져 나가고 있습니다. 특히 정부를 넘어 기업에도 책임을 묻는 소송이 속속 제기되고 있습니다. 온실가스 배출의 실질적 주범은 기업이라는 점에서 이는 큰 의미가 있습니다.

영국에 본부를 둔 '탄소정보공개프로젝트(CDP: The Carbon Disclosure Project)'라는 국제 비영리 민간기구는 투자자를 대신하여 주요 기업의 온실가스 관련 정보를 공개하도록 요구하고 이를 근거로 투자 결정에 필요한 자료를 제공하는 일을 합니다. 이 기구에 따르면 1988~2015년에 에너지 기업을 비롯한 세계 100개 기업이 배출한 온실가스가 전 세계 산업활동에서 발생한 온실가스 배출량의 70.6%를 차지한다고 합니다. 25개 기업 배출량이 전체 배출량의 51.3%나 차지하고요.

우리나라의 기업 실태는 어떨까요? 한국ESG기준원(KCGS)이 2019년에 내놓은 보고서에 따르면 100개도 안 되는 상위 10% 기업이 우리나라 전체 온실가스 배출량의 약 87%나 차지합니다. 그중에서도 10개에 못 미치는 상위 1%가 전체 배출량의 50% 이상이나 차지합니다. 더 놀라운 것은 철강 회사인 포스코라는 단 한 개 기업이 우리나라 전체 온실가스의 11.3%를 내뿜고 있다는 사실입니다. 실로 엄청나지요. 이에 견주어 일반 가정의 온실가스 배출량 비율은 5.4%에 지나지 않습니다. 상황이 이런데도 그동안 기업들은 기후 위기의 책임을 지는 데서 뒤쪽으로 물러나 있었습니다. 이런 현실에서 기후 소송은 기업의 무책임한 태도를 바꿀 수 있는 '따끔한 회초리' 구실을 하고 있습니다.

예컨대 지난 2021년에 역시 네덜란드에서 주목할 만한 소송이 제기됐습니다. 시민 1만 7000명이 로열더치셸이라는 거대 에너지 기업을 상대로 한 것이었습니다. 이 기업은 세계 10대 이산화탄소 배출 기업 가운데 하나로 악명이 높습니다. 이 소송에서 네덜란드 법원은 셸에 대해 2030년까지 2019년 대비 이산화탄소 배출량을 45% 줄이라는 판결을 내렸습니다. 그러면서 법원은 정부가 아닌 기업에도 '주의 의무'를 다하라고 강조했습니다. 즉 기업이 온실가스를 다량 배출해 사람의 인권과 생명권을 침해하지 않도록 주의해야 하는 의무를 어겼다고 판결한 셈이지요. 이는 1심 판결 결과입니다. 2024년 4월 현재 이 재판은 아직 진행 중이어서 최종 판결이 어떻게 날지는 지켜보아야 합니다. 이 사례는 기후 소송의 대상이 정부에서 기업으로 확장되는 흐름의 물꼬를 텄다는 점에서 뜻깊다고 할 수 있습니다.

'기후 범죄'에는 국경도 시효도 없다

 이밖에도 기후 소송 사례는 아주 다양합니다. 의미 있는 메시지가 담긴 두 가지만 간략하게 살펴보겠습니다.
 첫 번째는 남미 페루 안데스산맥에서 농사를 지으며 사는 어느 농부가 독일의 거대 에너지 기업에 낸 소송입니다. 기후 변화로 산맥 고지대의 빙하가 녹아 흘러내리는 바람에 자기가 사는 마을에 물난리가 자꾸 나고 있으니 기후 위기를 일으킨 주범인 기업이 홍수를 막는 데 드는 비용 일부를 부담하라는 것이 핵심 내용입니다. 남미 안데스산맥에 사는 사람이 멀리 떨어진 독일 기업에 책임을 묻는 이유는 온실가스가 특정 장소에서 배출되더라도 그 영향은 세

계 전체에 미치기 때문입니다. 소송을 당한 독일 기업은 온실가스 대량 배출로 악명 높은 석탄으로 전기를 생산하는 기업이었습니다.

1심 판결에서는 페루 농민이 졌습니다. 지구 전체에서 일어나는 기후 변화의 책임을 하나의 개별 기업에 물을 수 없다는 것이 법원의 판단이었다고 합니다. 하지만 2심에서는 법원 조사단이 페루 현지까지 와서 조사 활동을 벌이는 등 분위기가 사뭇 달라졌다고 합니다. 지금 세계 많은 사람이 이 판결 결과를 주목하고 있습니다. 만약 페루 농부가 최종적으로 이긴다면 서구 선진국들의 거대 에너지 기업들에 대한 기후 소송이 세계 각지에서 터져 나올 수 있어서입니다.

두 번째는 2021년 독일 연방 헌법재판소가 독일의 기후보호법에 대해 '헌법 불합치' 결정을 내린 일입니다. '헌법 불합치'란 어떤 법률이 헌법에 어긋나기는 하지만 그렇다고 해서 이 법률을 당장 없애거나 하면 사회적 혼란이 크므로 제대로 된 법률을 만들 때까지 그 법을 유지하도록 하는 것을 말합니다. 이 판결의 핵심 내용은 정부의 온실가스 감축 정책이 부실하다는 것이었습니다.

주목할 것은 그 이유로 '미래 세대의 권리'를 구체적으로 언급했다는 점입니다. 그러니까, 정부가 더 철저한 온실가스 감축 계획을 마련하지 않으면 그것은 미래 세대의 권리를 침해하는 것이라고 결

론 내렸다는 얘기지요. 앞에서 언급한 '세대 간 기후 정의' 문제가 바로 이 점을 가리키는 것입니다. 이 판결은 기후 정의와 관련된 법적 판단이 현세대와 미래 세대 사이에 존재하는 불공평과 불평등도 바로잡자는 차원으로까지 나아가고 있다는 것을 보여 줍니다.

우리나라에서는 기후 소송이 어떻게 진행되고 있을까요? 네 건의 사례가 있습니다. 정부가 내놓은 온실가스 감축 목표가 미흡한 탓에 미래 세대를 포함한 시민의 기본권이 침해되고 있다고 주장하는 것이 공통점입니다. 이 네 가지 중에는 청소년이 제기한 '청소년 기후 소송', 태아를 포함한 어린아이들이 제기한 이른바 '아기 기후 소송'도 포함돼 있어서 더욱 관심을 끌고 있습니다. 우리나라의 법원 판결은 대체로 보수적인 편이어서 전망이 밝지는 않습니다. 현재 재판이 진행 중이어서 최종 결과는 두고 보아야 합니다.

기후 소송은 아직은 소수의 움직임입니다. 실제로 소송에서 지는 경우도 많습니다. 하지만 갈수록 기후 소송이 늘고 있고 소송에서 이기는 사례도 덩달아 늘어나고 있는 건 분명한 사실입니다. 기후 소송은 정부와 기업에 기후 위기의 법적인 책임을 묻고 그 책임에 따른 의무를 강제할 수 있다는 점에서 그 의미가 대단히 큽니다. 의무를 다하지 않으면 처벌이 뒤따르기에 더욱 그러하지요. 이는 자연을 파괴하고 생명을 죽음으로 내모는 것이 '범죄'라는 것을 명백히 밝히는 일이기도 합니다. 정의는 말이 아닌 행동과 실천으로써만 제대로 세울 수 있는 법입니다.

나아가, 기후 위기가 현세대는 물론 미래 세대의 인권을 침해하며 그 책임이 정부와 기업에 있다는 문제의식이 높아지고 있는 것도 뜻깊은 진전입니다. 기후 문제를 사람들의 생존과 삶, 그리고 행

아시아 최초로 기후소송을 주도한 청소년기후행동
(사진 출처: 청소년기후행동)

복을 망가뜨리는 인권 문제로 인식한다는 것 자체가 중요합니다. 정의의 토대 위에서만 꽃피울 수 있는 게 인권이니까요. 페루 농민 소송에서 보듯 기후 소송은 국경이 없습니다. 미래 세대 소송에서 보듯 시효, 곧 시간의 제한 또한 없습니다. 오늘날 기후 소송은 기후 정의를 실현할 또 하나의 강력하고도 효과적인 무기로 떠오르고 있습니다.

'탄소 중립'의 거대한 흐름

최근 기후 위기의 해결책으로 꼽히는 건 '탄소 중립'입니다. 세계적인 유행어로 떠오른 이 말에서 '탄소'는 이산화탄소를 줄인 말입니다. 온실가스 중에서 이산화탄소가 가장 큰 비중을 차지하기에 만들어진 용어지요. 탄소 중립은 한마디로 이산화탄소 배출량을 실질적으로 '제로(0)' 상태로 만드는 것을 뜻합니다.

쉽게 설명하면 이런 겁니다. 먼저 이산화탄소 배출량을 줄이는 것이 일차적으로 중요합니다. 그다음 이미 배출된 이산화탄소는 숲 등을 통해 흡수하거나, 이산화탄소를 모아서 저장하거나 활용하는 여러 기술을 동원해 제거합니다. 그러니까 배출되는 이산화탄소

의 양과 흡수되거나 제거되는 이산화탄소의 양을 같아지도록 만든다는 얘기지요. 이렇게 해서 이산화탄소의 순 배출량을 0으로 만드는 것이 탄소 중립입니다. 기후 위기가 파국으로 치닫는 비극을 피하려면 이 탄소 중립을 2050년까지는 이뤄내야 한다는 것이 국제 사회의 합의이자 목표입니다. 동시에 이것을 이루려면 2030년까지 전 세계 온실가스 배출량을 2010년과 비교해 최소한 45% 이상 줄여야 합니다.

이게 가능할까요? 이 목표를 이루려면 에너지, 산업, 교통, 건물, 농업, 폐기물 등을 포함해 화석연료를 사용하는 모든 영역에서 근본적인 변화가 일어나야 합니다. 이는 기존의 국가 정책, 법과 제도, 예산, 생산과 소비 방식, 산업과 에너지 구조, 기업 경영 방식, 일반 시민의 생활 방식 등을 비롯해 우리 경제와 사회의 틀 전체를 바꿔야 한다는 뜻입니다.

이에 세계 곳곳에서 탄소 중립을 이루기 위한 노력이 다채롭게 펼쳐지고 있습니다. 이산화탄소 배출에 따른 세금을 새롭게 부과하는 것, 공장에서 물건을 만들 때 이산화탄소를 배출하지 않는 방법이나 기술을 의무적으로 사용하도록 하는 것 등이 대표적이지요. 세계 여러 나라가 2050년까지 탄소 중립을 이루겠다고 선언하면서 그것을 위해 온실가스 배출량을 언제까지 얼마를 줄이겠다는 식의 발표를 줄줄이 내놓고 있습니다. 이런 흐름을 타고 오늘날 탄소 중립은 거대한 사회 전환의 방아쇠 구실을 한다는 평가를 받기도 합니다.

구체적인 움직임 중에서 주목할 만한 몇 가지 사례를 살펴보겠습니다. 가장 앞서가는 곳은 유럽입니다. 유럽연합(EU: 유럽 지역 27개 나라가 모여 만든 정치·경제 통합 조직체)은 2021년 6월에 2030년까지 온실가스 배출량을 1990년 대비 55%나 줄이고 2050년 탄소 중립을 이루겠다는 것을 법으로 명시한 이른바 '기후 기본법'을 제정했습니다. 기존의 배출량 감축 목표는 40%였는데 이 목표치를 훨씬 올린 겁니다.

이 야심 찬 목표를 이루기 위해 펼치는 다양한 노력 가운데 하나가 석유를 연료로 하여 움직이는 기존 내연기관 차량의 판매를 금지하는 정책입니다. 유럽에서는 이런 차량의 판매를 2035년부터 사실상 금지하기로 했습니다. 세계 최고의 '자동차 왕국'인 미국 또한 2030년부터 미국에서 판매되는 새 차의 절반을 친환경 차로 채우겠다는 계획을 발표한 바 있습니다. 이런 흐름이 더 널리 퍼진다면 지금 우리 주변에서 흔히 보이는 기름으로 달리는 자동차는 머잖아 역사 속으로 사라질 수도 있습니다. 대신에 온실가스를 내뿜지 않는 전기차 같은 것이 대세가 되겠지요.

프랑스에서 2021년 7월 통과된 기후 관련 법에서는 고속 열차로 2시간 30분 이내 거리, 그러니까 서울과 부산 간 정도의 거리보다 짧으면 비행기 운항을 아예 금지하기로 했습니다. 만약 이 법을 우리나라에서도 시행한다면 국내에서는 서울-제주 사이 정도를 빼면 거의 비행기를 탈 수 없게 된다는 얘기지요. 또 에너지 낭비가 심한 집은 2028년부터 임대를 금지하기로 했습니다. 물, 공기, 토양을 일부러 오염시키면 '환경 학살' 혐의로 기소될 수 있고, 법원에서 유죄 판결을 받으면 복원까지 책임져야 한다는 규정도 포함됐습니다. 스웨덴은 자기 나라에서 세 번째로 큰 공항을 없애고 대신 이 공항 터에 주택을 건설하겠다는 계획을 세우기도 했고요. 이 모두 어떻게든 온실가스 배출량을 줄이려는 안간힘의 산물입니다.

하지만 상황은 낙관적이지 않습니다. 기후 변화에 관한 정부간 협의체(IPCC)는 이미 지금과 같은 온실가스 배출 추세가 계속된다면 2030년대 중후반에 온도 상승 폭이 최후의 방어선인 1.5도를 넘을 가능성이 크다고 전망한 바 있습니다. 최근엔 온실가스 감축 노력과는 상관없이 이보다 더 빠른 2033~2035년 즈음이면 1.5도 상승이 현실이 될 거라는 연구 결과가 나올 정도입니다. 이 예측이 틀리지 않는다면 1.5도 상승까지 불과 10년 정도밖에 남지 않은 거지요.

논과 습지에 죄가 있다고?

 그런데 말입니다. 기후 정의의 관점에서는 탄소 중립 움직임들을 어떻게 평가해야 할까요? 먼저 얘기할 것은 탄소 중립이 우리가 가야 할 길이라는 사실입니다. 두말할 나위도 없이 기후 위기를 이겨 내야만 우리가 살 수 있으니까요. 문제는 방법입니다. 지금 세계적인 흐름을 보면 온실가스를 몇 년도까지 몇% 줄이겠다는 식의, 말하자면 숫자로 표현된 온실가스 감축 목표량을 기계적으로 달성하는 데 지나치게 집착하는 것으로 보입니다. 하지만 이런 식의 접근에는 여러 가지 결함이 숨어 있습니다.
 간단한 예를 들어 보겠습니다. 강수량은 농사를 비롯해 우리 삶

에 큰 영향을 미칩니다. 연평균 강수량 변화는 기후 위기의 주요 지표 가운데 하나이기도 하고요. 근데 한 해에 가뭄과 홍수가 잇달아 들이닥쳤다고 가정해 봅시다. 평균 강수량에는 별다른 문제가 없을 수 있습니다. 비가 안 내려서 가뭄이 들었더라도 그 뒤엔 큰비가 쏟아져 홍수가 났으니 평균을 내면 비가 알맞게 왔다는 결론이 나올지도 모르지요.

하지만 가뭄과 홍수를 거푸 겪어야 하는 농부들은 어떻게 될까요? 한 가지만 겪어도 힘든 판국에 이중으로 피해와 고통을 당할 수밖에 없잖아요? 양적으로 측정하거나 계산한 결과를 숫자로 나타내는 데에만 빠지면 필연적으로 이런 문제에 부닥치게 됩니다. 그 결과 구체적인 삶의 현실을 놓치거나 가볍게 여기게 됩니다. 이는 곧 정의가 훼손될 가능성이 커진다는 것과 같은 얘기입니다. 정의란 컴퓨터 모니터에서 깜빡거리거나 장부에 기록된 건조한 숫자가 아니라 살아 있는 구체적인 삶의 현실에 존재하니까요.

탄소 중립만 배타적으로 앞세우다 보면 생태적 가치와 모순되는 일이 벌어지기도 합니다. 이를테면 논과 습지에서는 온실가스 가운데 하나인 메탄이 나옵니다. 이를 두고서 어떤 이들은 온실가스 감축이라는 목표만 내세워 논과 습지를 공격의 대상으로 삼기도 합니다. 하지만 논과 습지는 다양한 생태적 기능을 수행합니다. 생물 다양성 보존, 홍수 조절, 수질 정화, 대기 온도 조절, 동식물 서식지 제공, 지하수 보충, 토양 보전과 오염 방지, 아름다운 경관 제공 등이 그것입니다.

더군다나 우리나라 식량자급률은 현재 21%에 지나지 않습니다. 논에서는 우리의 주식인 쌀을 생산합니다. 쌀농사를 비롯한 농업과 식량 자급은 우리 생존을 좌우할 정도로 중요합니다. 먹거리의 원천이자 소중한 생태적 자산인 논과 습지를 탄소 중립과 온실가스 감축이라는 단 하나의 기준만으로 마치 기후 위기의 큰 원인이라도 되는 양 비난해도 될까요? 특히 개발도상국의 가난한 농민들에게 농사는 필수적인 생계 수단입니다. 먹고살려면 온실가스를 조금이나마 배출하지 않을 수 없습니다.

게다가 논과 습지에서 나오는 온실가스는 전체 온실가스 배출량에서 차지하는 비중이 매우 작습니다. 사실 메탄은 논보다는 축산업과 화석연료 채굴 과정에서 훨씬 더 많이 나옵니다. 축산업에서 메탄이 대량으로 나오는 것은 지금의 축산 방식이 돈벌이 논리에 따라 대규모로 산업화된 데다 현대인들의 먹거리 문화가 지나치게 육식 중심으로 굳어진 결과입니다. 기후 위기에서 메탄을 얘기할 때 이런 점들을 종합적으로 고려하는 균형 감각이 필요합니다. 물론 메탄 배출량을 줄일 수 있는 쌀농사 방법이나 습지 관리 기법 같은 걸 개발하는 건 필요하다고 하더라도 말입니다.

재생에너지도 비슷한 맥락에서 얘기할 수 있습니다. 화석연료 대신 온실가스를 배출하지 않는 바람이나 태양 같은 재생에너지 사용을 늘리는 것이 기후 위기 극복에 꼭 필요하다는 건 모두가 압니다. 하지만 이런 경우는 어떻게 봐야 할까요? 산지나 농지에 풍력발전 시설을 마구 건설해서 자연 생태계를 망가뜨려도 될까요? 더군다나 이런 일이 지역 주민의 뜻을 무시한 채 일방적으로 추진되거나 경제적 수익을 위한 돈벌이 사업으로만 추진된다면요? 그래서 재생에너지 시설로 전기를 생산해서 발생하는 수익이 외부의 풍력발전 사업체 등으로 빠져나가고 정작 지역 주민에게 돌아가는 혜택이 없다면 어떻게 될까요?

재생에너지의 가치는 에너지원을 단지 화석연료에서 햇빛이나 바람으로 바꾸는 데만 있는 게 아닙니다. 전기를 어떻게 생산하고 분배할지, 시설을 어디에 어떻게 만들지, 운영과 관리를 어떻게 할지 등도 매우 중요합니다. 진정으로 지속 가능한 에너지는 이런 일들이 정의롭고 민주적으로 이루어질 때 비로소 완성될 수 있습니다.

양적인 수치로 나타나는 재생에너지 비중을 빨리 높이는 데만 몰두하면 이런 점이 경시될 위험이 커집니다. 정부가 일방적으로 밀어붙이는 대규모 국가사업으로 전락하거나 막대한 자본을 갖춘 기업들의 돈벌이 도구로 변질할 우려도 없지 않고요. 실제로 재생에너지를 자기 나라의 에너지 산업 경쟁력을 높이고 세계 에너지 시장에서 더 많은 몫을 차지하기 위한 수단으로 삼는 움직임이 곳곳에서 나타나는 게 현실입니다.

재생에너지 확대는 기후 위기 시대에 필요한 에너지 전환의 길에서 핵심 과제이자 필수 전략 가운데 하나입니다. 하지만 재생에너지 사용만 늘어난다고 해서 모든 문제가 자동으로 해결되는 건 아닙니다. 에너지를 지나치게 낭비하는 지금의 사회경제 시스템이나 생활 방식이 그대로 유지된다면 이것을 재생에너지로는 감당하기 어렵다는 점도 확인해 둘 필요가 있습니다.

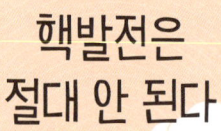

핵발전은 절대 안 된다

 핵발전을 기후 위기 해결책의 하나로 제시하는 사람도 있습니다. 핵발전은 온실가스를 내뿜지 않는다는 이유에서지요. 이게 사실일까요?

 결론부터 말하면 이는 나무만 보고 숲은 보지 못하는, 아주 피상적인 주장입니다. 핵 발전소에서 전기를 생산하는 과정에서 온실가스가 배출되지 않는 건 사실입니다. 하지만 전기를 만드는 과정만 따로 떼어서 볼 게 아니라 핵발전이 이루어지는 전체 과정을 보면 얘기는 완전히 달라집니다.

 핵발전을 하려면 먼저 연료인 우라늄을 캐내고 운반하고 가공해야 합니다. 또 부품 수가 100만 개가 훨씬 넘는 거대한 발전소를 건설해야 하고, 수명이 다하면 그것을 해체하고 철거해야 합니다. 전기를 생산하고 나서는 각종 핵폐기물을 처리할 시설을 만들어 운영해야 하고요. 이 모든 과정에서 대량의 온실가스가 나옵니다. 그뿐만 아니라 지금 당장은 핵발전이 값싸게 대량의 전기를 공급해 주기 때문에 에너지 낭비를 부추기는 측면도 크다고 할 수 있습니다. 핵발전이 결국은 온실가스를 더 많이 배출하도록 유도하는 셈이지요.

무엇보다 큰 문제는 사고가 한 번이라도 나면 끔찍한 방사성 물질이 누출되기 때문에 거대한 재앙을 피할 수 없다는 점입니다. 게다가 핵 발전소에서 전기를 생산하고 나서 남은 핵연료는 수만 년에서 수십만 년 동안 안전하게 관리하면서 보관해야 합니다. 그 정도 세월이 흘러야 방사능이 없어지니까요. 그런데 그렇게 할 방법이나 기술을 인류는 여태껏 개발하지 못하고 있습니다. 한마디로 핵발전은 결코 안전할 수 없는 죽음과 파멸의 에너지라고 할 수 있습니다.

책 앞부분에서 잠깐 언급했듯이 정의의 관점에서 핵 발전소가 어디에 들어서느냐도 짚어 볼 점입니다. 핵 발전소에서 생산한 전기를 가장 많이 소비하는 곳은 수도권을 비롯한 인구와 산업 밀집 지

역입니다. 핵발전이 제공하는 이득과 혜택을 가장 많이 누리는 곳은 이들 지역이지 핵 발전소가 들어선 지역이 아닙니다. 핵 발전소 인근 주민들은 자기들이 별로 쓰지도 않는 전기를 생산하느라 커다란 위험과 불이익을 떠안은 채 살아가고 있습니다. 이는 정의롭지 않습니다. 전기 생산에 큰 위험이 따른다면 그 전기를 맘껏 쓰면서 큰 혜택과 이득을 누리는 사람들이 그 위험도 떠안는 게 공평하지 않을까요? 핵 발전소를 외진 바닷가나 시골 지역이 아니라 서울에 지어야 한다는 목소리가 끊이지 않는 까닭입니다.

  이런 핵발전이 우리나라 전체 발전량에서 차지하는 비중은 2022년 기준으로 30%에 달합니다. 40%의 비중을 담당하는 석탄 화력

발전소 또한 충청남도 해안가 등을 비롯한 특정 지역에 몰려 있습니다. 우리가 전기를 생산하고 소비하는 방식은 이렇듯 누군가의 고통을 바탕으로 한 '희생의 시스템'위에서 유지된다고 해도 지나친 말이 아닙니다.

  핵발전은 이밖에도 수많은 문제를 안고 있습니다. 소수 전문가와 관료 집단 등의 정책 결정 독점, 시스템 자체의 지나친 중앙 집중, 시민 참여를 배제하는 일방적인 사업 추진, 주민 갈등과 분열로 인한 공동체 파괴 등이 그 보기들이지요. 핵발전은 단지 위험하다는 것에서 문제가 끝나지 않습니다. 반민주적이고 부도덕하고 무책임한 에너지의 '압축판'이 핵에너지입니다. 이 모두 정의의 원칙에 정면으로 어긋납니다. 핵발전은 결코 기후 위기의 대안도, 에너지 전환의 방도도 될 수 없습니다.

바이오 연료의 실체를 들여다보니

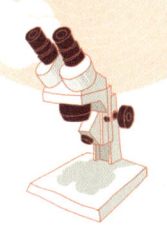

　생물체로 만드는 액체 연료인 바이오 연료는 어떨까요? 바이오 연료는 식물 등과 같은 생물 유기체에서 얻는 연료를 말합니다. 주로 자동차 연료로 쓰이는 바이오 연료는 석유를 대신한다는 점에서 기후 위기와 에너지 위기 시대를 맞아 수요가 빠르게 늘고 있습니다. 재생 가능한 식물 자원 등을 이용해 만드는 에너지라는 점에서 재생에너지의 일종으로 여겨지기도 합니다. 하지만 찬찬히 들여다보면 바이오 연료 또한 많은 문제가 있습니다.

　바이오 연료는 크게 바이오 에탄올과 바이오 디젤의 두 가지로 나뉩니다. 휘발유를 대체하는 바이오 에탄올은 옥수수와 사탕수수

등으로 만들며, 미국과 브라질에서 주로 생산합니다. 미국에서는 옥수수가, 브라질에서는 사탕수수가 주로 사용되지요. 경유를 대체하는 바이오 디젤은 콩, 유채, 기름야자나무(팜나무. 이 나무의 열매로 만드는 기름을 야자유 또는 팜유라 부름) 등으로 만듭니다.

바이오 연료의 가장 심각한 문제는 환경을 크게 파괴한다는 점입니다. 바이오 연료를 만드는 데 쓰이는 작물은 보통 하나의 작물을 대규모로 집중 재배하는 방식으로 생산됩니다. 그래서 필연적으로 화학비료, 농약, 농기계 등을 많이 사용하게 됩니다. 환경을 망가뜨릴 수밖에 없지요. 더군다나 화학비료와 농약은 석유로 만들고 농기계 또한 석유로 움직입니다. 석유를 대체하려고 만드는 게 바이오 연료인데 이것을 만드는 과정에서 석유를 대량으로 소비하는 겁니다. 어처구니없는 역설이지요. 물도 아주 많이 쓰고, 그 과정에서 발생하는 폐수 배출과 수질 오염 등도 심각합니다.

이들 작물을 재배하는 과정에서 대규모로 벌어지는 숲 파괴도 지나칠 수 없습니다. 사탕수수를 대규모로 재배하는 브라질의 아마존 열대우림과 기름야자나무를 대량으로 재배하는 동남아시아 지역의 열대우림이 대표적입니다. 파괴되는 건 자연만이 아닙니다. 사람도 큰 피해를 봅니다.

이를테면 바이오 연료 작물을 생산하는 대농장을 개발하는 과정에서 본래 그 지역에 살던 수많은 원주민이 자기 땅에서 쫓겨납니다. 바이오 연료 작물을 재배하느라 정작 사람들이 먹을 곡물을 생산하는 경작지는 줄어듭니다. 바이오 연료 작물에 대한 수요가 급속히 늘어나는 바람에 작물 가격이 오르고, 덩달아 그런 작물을 이용해 만드는 식품 가격이 오르기도 합니다. 바이오 연료가 식량 부족 사태를 일으키는 주요 원인 가운데 하나라는 비판이 쏟아지는 까닭이지요.

세계 곳곳에서 굶주림으로 고통받는 사람이 허다하다는 사실을 생각하면 자동차가 곡물을 먹어치우는 것을 바람직하다고 할 수 있을까요? 바이오 연료는 석유를 대체하는 효과가 있다곤 해도 자연과 사람을 모두 파괴합니다. 보았듯이 석유 대체 효과도 크지 않습니다. 바이오 연료 또한 기후 위기의 대안이 될 수 없습니다.

기후 위기는 어디에 존재하는가?

　탄소 중립은 물론 중요합니다. 하지만 탄소 중립을 지금의 복합적인 생태 위기를 한 방에 해결할 만병통치약쯤으로 여기는 건 현명한 일이 아닙니다. 목표로 한 온실가스 감축량을 통계상으로 달성하면 그만이라는 식의 접근법 또한 바람직하지 않습니다. 기후 위기는 온도가 얼마 올랐는지, 온실가스 배출량은 얼마나 늘고 줄었는지 등을 보여 주는 차가운 숫자나 그래프 속에 존재하는 게 아닙니다.
　기후 위기를 이런 식으로 바라보는 대표적 예가 핵발전입니다. 전기 생산 과정에서 온실가스를 배출하지 않는다는 이유만으로 핵

발전을 옹호하는 건 단지 통계 숫자로 탄소 중립을 이루기만 하면 기후 위기가 해결된 것처럼 여기는 것과 사고방식이 비슷하니까요.

기상이변으로 농사를 망친 농부, 이글거리는 뙤약볕 아래서 고된 노동으로 생계를 잇는 야외 노동자, 폭우로 집이 물에 잠긴 반지하 주택 거주자, 계속되는 폭염으로 잠 못 이루는 밤을 견뎌야 하는 쪽방 사람, 극심한 추위에 벌벌 떨며 지하철역 한구석에 고된 몸을 누이는 노숙인, 바닷물 상승으로 나라를 잃어버릴 위기에 처한 섬나라 주민.

기후 위기는 이들의 고단한 삶 속에, 이들의 깊은 절망 속에 존재합니다. 온실가스 배출의 재앙적 결과를 단지 수치상으로 관리하면 된다는 식의 사고방식은 기후 위기를 일으킨 구조적 원인, 즉 불평등과 부정의로 얼룩진 현실의 문제를 똑바로 보지 못하도록 합니다. 탄소 중립에 이르는 길에서 정의, 민주주의, 평등의 원칙을 놓치지 말아야 할 이유가 여기에 있습니다.

메리 로빈슨은 아일랜드의 첫 여성 대통령을 지냈고 유엔 인권최고대표로도 활동한 사람입니다. 환경문제에도 관심이 많았던 그는 자기 이름을 딴 기후정의재단을 세웠는데, 여기선 기후 정의의 7가지 원칙을 제시하고 있습니다. 앞서 언급한 조효제 교수의 책에 소개된 그 원칙들은 이번 장을 갈무리하는 데에도 썩 잘 어울립니다. 다음과 같은 내용인데, 이해하기 쉽도록 표현을 조금 다듬었습니다.

① 기후 변화에 대응하는 모든 차원에서 국제적 인권 기준을 지켜야 한다.
② 개발도상국의 발전에 대한 권리를 지원해야 한다.
③ 온실가스 배출로 인한 혜택과 부담을 공평하게 나눠야 하며, 선진국들이 가장 큰 책임을 져야 한다.
④ 모든 기후 행동과 정책은 시민 참여를 보장하고 투명하게 운영하며 책임을 다해야 한다.
⑤ 젠더(성) 평등과 형평성을 강조해야 하며, 기후 행동에서 여성의 삶에 미칠 영향을 세심하게 살펴야 한다.
⑥ 교육의 변혁적 힘을 끌어내야 하며, 개인의 삶의 양식도 스스로 바꿔야 한다.
⑦ 동반자 관계를 효과적으로 잘 활용해야 하며, 국내적·국제적으로 국가·기업·시민사회의 역량을 모아야 한다.

7장

돈과 기술을 둘러싼 환상

전기 자동차의 겉과 속

　기후 위기 시대를 맞아 요즘 전기 자동차가 친환경 차량으로 큰 인기를 끌고 있습니다. 우리나라 도로에서도 갈수록 많이 눈에 띄고 있습니다. 파란색 바탕에 검은색 문자의 번호판을 단 차가 전기차이니 길을 지나다닐 때 한번 살펴보세요.
　전기차는 석유를 태워서 움직이는 기존 자동차와는 달리 전기를 동력으로 하여 움직입니다. 그래서 적어도 운행 중에는 온실가스를 비롯해 오염물이 포함된 배기가스를 배출하지 않습니다. 에너지 효율도 기존 자동차보다 두 배 이상 높다고 합니다. 기존 자동차의 '심장'인 엔진이 없으므로 부품도 적게 들고요. 종합해 볼 때 전기차

보급이 늘어나는 것은 불가피할 뿐만 아니라 유익한 점이 많다고 할 수 있습니다.

그렇지만 따져 볼 대목들이 있습니다. 먼저, 전기차에 쓰이는 전기는 어디서 나올까요? 이 전기를 화석연료나 핵발전에 의존한다면 전기차 확산으로 온실가스를 비롯한 오염물 배출량을 줄이는 데는 한계가 있습니다. 늘어나는 전기차만큼 화석연료 사용이 늘어날 것이고 그만큼 온실가스와 오염물 배출 또한 늘어날 테니까요. 부품이 적게 들어간다 해도 자동차 생산 자체가 계속 늘어난다면 그만큼 자원과 에너지 소비, 오염물과 폐기물 배출 등이 늘어나리라는 것 또한 당연한 일입니다.

전기차 배터리를 만드는 데 필요한 원료를 얻는 과정에서 발생하는 문제도 빠뜨릴 수 없습니다. 리튬이 대표적입니다. 세계 리튬 매장량의 절반은 남미 안데스산맥 서부의 아타카마사막 일대에 묻혀 있습니다. 칠레, 아르헨티나, 볼리비아 등에 걸친 지역이지요. 리튬은 건조한 지역에서 오랜 세월에 걸쳐 지하수에 농축됩니다. 그래서 이곳의 짠물호수(염분이 많아 물맛이 짠 호수) 지하에서 리튬이 들어 있는 지하수를 뽑아 올린 다음 수분을 증발시킨 추출물에서 리튬을 얻습니다.

하지만 갈수록 지하수를 많이 퍼 올리는 바람에 인근 주민들은 식수와 농업용수 부족에 시달리고 있습니다. 농지나 습지 등이 말라서 자연 생태계도 크게 훼손되고 있고요. 전기차 배터리의 또 다른 주요 원료인 코발트는 아프리카 콩고에서 세계 전체 생산량의 절반 이상이 나옵니다. 여기서도 채굴량이 빠르게 늘어남에 따라 오염된 식수와 훼손되는 농경지, 형편없는 노동조건 등이 문제시되고 있습니다.

  기후 위기 시대에 전기차 사용 확대는 거스르기 힘든 대세입니다. 하지만 사회경제 구조는 그대로 둔 채 자동차 중심으로 돌아가는 기존 교통 시스템 위에서 단순히 전기차만 늘어난다면 기후 위기 극복이나 에너지 전환 등 여러 측면에서 그 효과나 의미는 줄어들 수밖에 없습니다. 개인 자동차 사용을 줄이는 대신 대중교통 이용을 늘리는 것이 중요한 까닭입니다.

지구 대기는 상품이 아니다

전기 자동차는 기술 발달의 산물입니다. 자동차는 거대 기업만 생산할 수 있으니 자본, 곧 돈의 산물이기도 합니다. 오늘날 세계적으로 기후 위기 대응은 이런 경제적·기술적 접근법 중심으로 이루어지고 있습니다. 돈과 기술은 물론 중요합니다. 돈과 기술이 있어야 할 수 있는 일이 아주 많지요. 그렇지만 돈과 기술에 지나치게 매달리다 보면 여러 가지 문제가 생깁니다. 전기차 이야기가 일러 주듯이 말입니다. 정의의 관점에서 볼 땐 더욱 그러합니다.

몇 가지 사례를 살펴볼까요? 온실가스 배출권 거래제라는 게 있습니다. 기후 위기 대책 중에서 대표적인 경제적 수단으로 꼽히지

요. 말 그대로 온실가스를 사고파는 제도를 말합니다. 정부는 배출권 거래제 대상 업체들의 온실가스 배출량을 정하고, 그만큼만 온실가스 배출권을 발행합니다. 이런 방식으로 자신에게 부여된 온실가스 배출 할당량을 초과해서 배출한 기업은 그 초과한 양만큼의 배출권을 해당 시장에서 살 수 있습니다. 반대로 할당량보다 온실가스를 적게 배출한 기업은 남은 배출권을 시장에서 팔 수 있습니다. 이 제도를 선호하는 이들은 온실가스를 적게 배출하면 할당량

에서 빠지는 만큼의 배출권 여유분을 시장에서 팔아 이익을 얻으므로 온실가스 배출을 자발적으로 줄이는 데 큰 효과가 있을 거라고 주장합니다.

현실은 어떨까요? 기업은 온실가스를 많이 배출하더라도 그만큼 시장에서 배출권을 사면 그만입니다. 돈만 내면 배출량 감축 의무나 책임에서 벗어나는 거지요. 돈의 논리를 따르는 정책이 안고 있는 근본 문제가 이것입니다. 게다가 온실가스 시장 동향에 따라 배출권 가격은 오르기도 하고 내리기도 합니다. 만약 가격이 내리면 기업은 굳이 온실가스 배출량을 줄이려고 돈 들이며 애쓰기보다는 그냥 배출권을 사들이는 것으로 자기 할 일을 때우려 하기 쉽습니다.

우리나라를 비롯해 수많은 나라의 정부가 기업의 이해관계를 대변하는 데 급급하다는 것도 문제입니다. 이를테면 할당량 자체를 높게 책정하거나 상당량의 배출권을 기업에 그냥 나눠 주는 일이 벌어지곤 하거든요. 배출권 거래 시장을 일컬어 기업들의 '새로운 놀이터'라고 비판하는 목소리가 높아지는 이유가 여기에 있습니다.

좀 심하게 말하면 배출권 거래제는 지구의 대기를 시장에서 사고파는 '상품'으로 바꾸는 짓입니다. 온실가스에 가격을 매기는 것이 이 제도의 본질이니까요. 이 지구에서 살아가는 '모두의 것'으로서 가장 필수적인 공공 자원인 지구 대기를 시장에서 사고파는 상품으로 취급하는 것 자체에 이 제도의 근본적 한계가 있습니다. 특히 비용만 치르면 지구 대기를 얼마든지 망가뜨려도 된다는 식으로 악용할 수 있다는 점이 큰 문제입니다.

금지된 장난

　기술적인 해결책은 어떨까요? 오랫동안 과학자들은 기후 위기의 해법으로 지구 온도를 낮추고 대기 중 온실가스를 줄일 기술적 방안을 궁리해 왔습니다. 흔히 '지구 공학'이라 불리지요. 여기엔 크게 두 가지 방법이 있습니다. 하나는 지구로 오는 햇빛을 막거나 반사해 지구 온도를 낮추는 것입니다. 다른 하나는 자연의 이산화탄소 흡수 작용을 인공적으로 활발하게 만들거나 별도의 기술적 장치를 이용해 이산화탄소를 제거하는 것입니다. 첨단 공학 기술과 막대한 자본을 동원해 지구 생태계와 기후의 특성을 대규모로 조작한다는 게 공통점입니다.

예를 들어 햇빛을 반사하는 대표적인 방법으로는 비행기 등을 이용해 대기 중 일정 공간에 이산화황 등을 대량으로 뿌리자는 아이디어를 꼽을 수 있습니다. 그러면 이산화황이 에어로졸(지구 대기 중을 떠도는 미세한 고체 입자 또는 액체 방울)로 변해 지구로 오는 햇빛을 반사함으로써 지구 온도를 낮추는 데 효과가 있으리라는 거지요. 바다 위의 구름을 조작하는 방안도 있습니다. 바닷물을 뿜어내는 배를 띄워 바람의 힘을 이용해 수분을 하늘로 더 많이 공급하면 구름의 양이 늘어나 햇빛을 막게 될 거라는 아이디어입니다.

대기 중 이산화탄소를 없애는 방안 가운데 대표적인 건 바다의 식물성 플랑크톤이 성장하는 데 필요한 영양물질을 바다에 대량으로 뿌리자는 아이디어입니다. 이렇게 하면 바다 표면 가까이에서 광합성을 하는 플랑크톤이 빠르게 증식하면서 공기 중 이산화탄소를 대량으로 흡수하리라는 거지요.

이런 시도들은 얼마나 성공할 수 있을까요? 부분적이고 일시적으로는 어느 정도 효과를 볼지 모릅니다. 하지만 명심할 점이 있습니다. 지구는 실험실이 아니라는 게 그것입니다. 복잡하고 정교한 관계의 연결망 속에서 수많은 변수가 작용하는 지구 기후와 생태계를 대상으로 인위적인 거대 실험을 하는 것은 근본적으로 위험한 짓입니다. 예측하지 못한 환경적 피해나 돌발 사태가 얼마든지 일

어날 수 있습니다.

가령 플랑크톤 대량 번식은 바닷물 성분을 바꿈으로써 바다 생태계에 커다란 악영향을 미칠 수 있습니다. 이산화황 대량 살포는 지구 생명체를 자외선으로부터 지켜주는 오존층을 파괴할 수 있습니다. 식물의 광합성 작용이 제대로 이루어지지 않아 식량 생산이 크게 줄어들 수도 있고요. 비가 내리는 시기나 패턴 등이 달라져 지구 전체의 기후 질서가 헝클어질 수 있다는 지적이 나오기도 합니다.

이처럼 인공적으로 자연의 질서를 바꾸려는 거대 지구 공학 기술은 기후 위기의 해결책이라기보다 또 다른 재앙의 불씨가 될 가능성이 큽니다. 이런 기술이 '금지된 장난'이라 불리기도 하는 이유입니다. 무엇보다 지구 공학의 가장 근원적인 모순은 문제를 일으킨 원인으로 문제를 해결하려는 발상 그 자체에 있습니다. 인간의 능력으로 지구를 마음대로 조작할 수 있다고 믿는 그 오래된 고정관념 말입니다.

양날의 칼

　기술 발전을 통한 에너지 효율 향상에도 짚어 볼 점이 있기는 마찬가지입니다. '제번스의 역설(Jevons Paradox)'이라는 말이 있습니다. 19세기 영국 경제학자 윌리엄 스탠리 제번스가 당시 영국의 석탄 소비량을 분석해 내놓은 이론이지요. 이에 따르면, 석탄 사용의 효율성이 높아지면 석탄 소비가 줄어드는 게 아니라 오히려 늘어나는 역설적인 현상이 나타납니다. 이는 다른 에너지와 자원도 마찬가지입니다. 높아진 효율 덕분에 줄어든 비용을 다시 생산을 늘리는 데 사용하기 때문에 벌어지는 일입니다.

　이런 일이 자꾸 생기는 건 지금의 경제체제가 경제성장을 가장

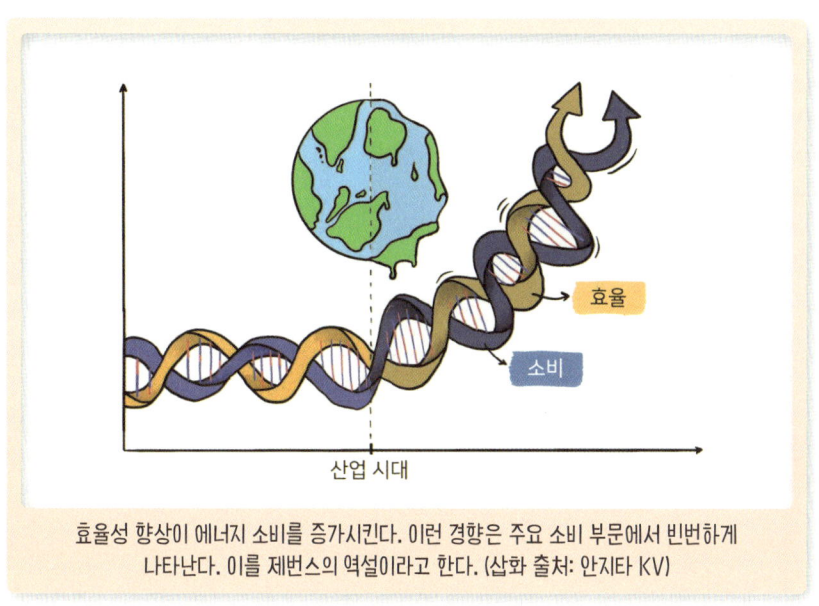

효율성 향상이 에너지 소비를 증가시킨다. 이런 경향은 주요 소비 부문에서 빈번하게 나타난다. 이를 제번스의 역설이라고 한다. (삽화 출처: 안지타 KV)

중시하는 탓입니다. 생산이 늘어나니 결과적으로는 에너지 사용량도 증가하는 건 당연합니다. 실제로 자원 사용의 효율을 높이는 기술 혁신이 끊임없이 이루어졌지만, 자원 사용이 그보다 훨씬 더 많이 증가해 왔다는 건 모두가 아는 사실입니다.

경제적·기술적 대응책은 중요하고 또 필요합니다. 하지만 '요술 지팡이'는 아닙니다. 돈과 기술은 양날의 칼과 같습니다. 잘 쓰면 '약'이 되지만 잘못 쓰면 '독'이 됩니다. 칼은 음식을 만들 때 사용하면 소중한 요리 도구입니다. 그러나 사람을 죽일 때 사용하면 흉악

한 살인 도구로 돌변합니다. 이 점을 균형 있게 보아야 합니다.

사실 돈과 기술로 우리가 이룰 수 있고 또 해내야 할 '좋은 일'은 무수히 많습니다. 예컨대 기술만 보더라도 환경 분야에서는 온실가스 감축, 재생에너지 개발, 자원과 에너지 절약, 생태보전, 오염물 처리와 물질 재활용, 동물실험 대체, 유기농업 등과 관련된 기술은 앞으로 더욱 발전시켜야지요. 맹목적인 기술 숭배는 큰 잘못입니다. 하지만 그렇다고 해서 기술을 부정적으로만 여긴다면 또 다른 극단적 편향에 빠지게 됩니다. 시대착오적이기도 하고요.

왜 세상은 돈이나 기술 중심의 해결책을 자꾸 내놓을까요? 왜 사람들은 이런 것에 강하게 끌릴까요? 그건 혹시 여태껏 길든 물질의 풍요와 편안한 삶은 그것대로 계속 즐기면서 손쉽게 문제를 해결하려는 유혹을 떨쳐 버리지 못해서가 아닐까요? 솔직히 이 욕구는 워낙 강력해서 누구든 쉽사리 내려놓기 어렵습니다. 기후 변화나 생태 위기에 대한 문제의식이 상당히 높아졌는데도 좀체 해결의 실마리를 찾지 못하는 밑바닥 이유 가운데 하나가 이것입니다. 실제로 많은 사람이 기존의 생활 방식 자체를 바꿀 마음은 없이 친환경적 소비 행위나 재활용을 좀 더 열심히 하는 것쯤으로 편하게 환경문제를 해결하려는 유혹에 빠집니다.

돈과 기술은 우리의 이런 빈틈을 파고듭니다. 여기서 돈과 기술을 비판적으로 언급한 것은 이 점을 명확히 알고 또 주의하자는 뜻에서입니다. 무엇보다 돈과 기술은 구체적인 '인간의 삶'에서 벌어지는 일을 보지 못하거나 가볍게 여길 위험이 큽니다. 어떤 문제든 돈을 쏟아붓고 새로운 기술을 개발하면 해결할 수 있다는 식으로 분위기가 흘러갈 가능성이 크니까요. 그 과정에서 이 세상 곳곳과 우리 삶의 마디마디에 차고 넘치는 부정이나 불평등은 외면당하게 됩니다. 돈과 기술은 때때로 놀라운 힘을 발휘하지만 이 점을 잊어선 안 됩니다.

지혜로운 사람은 지금의 생태 위기를 그동안 인류가 걸어온 길을 성찰하는 계기로 삼을 것입니다. 반면에 돈과 기술을 떠받드는 이들은 지구를 더 완벽하게 관리하고 통제하는 새로운 인간 능력을 키울 기회로 여길지도 모릅니다. 좋든 싫든 돈과 기술의 힘은 갈수록 커지고 있습니다. 그럴수록 돈과 기술에 대한 비판적 안목이 필요합니다.

제국주의는 끝나지 않았다

 기후 정의 이야기에서 또 하나의 중요한 주제는 '기후 제국주의'입니다. 이게 뭘까요? '제국주의'란 어떤 나라가 우월한 군사력과 경제력 등을 앞세워 자기보다 약한 나라를 침략해 지배하는 것을 가리킵니다. 가장 대표적이고 전형적인 제국주의는 예전에 서구 강대국들이 아메리카, 아프리카, 아시아 곳곳을 무력으로 침략해 식민지로 만들고 가혹한 착취와 수탈을 일삼았던 데서 찾아볼 수 있습니다. 옛날 일본이 우리나라를 강제로 빼앗아 식민 지배를 한 것도 그런 사례의 하나고요.
 21세기도 한참이나 지난 지금 제국주의는 끝났을까요? 과거 역사의 유물로만 남았을까요? 아닙니다. 방식과 형태를 달리하면서 지금도 여전히 계속되고 있습니다. 환경 제국주의 문제가 대표적입니다. '환경 제국주의'란 말 그대로 제국주의의 '환경 버전'이라 생각하면 됩니다. 즉, 힘이 강한 나라가 힘이 약한 나라를 군사적·정치적·경제적으로 지배하면서 지배를 당하는 나라의 환경을 망가뜨리고 자원을 약탈하는 것을 말합니다.

최근 들어 이 환경 제국주의에서 환경문제와 관련한 선진국들의 기술적 통제나 장악이 확대되는 경향이 두드러지게 나타나고 있습니다. 이를테면 선진국들은 생태 위기가 심각해질수록 개발도상국들이 수출하는 상품에 더 엄격한 환경 규제 조건을 요구하곤 합니다. 이는 개발도상국들의 상품 수출을 더 곤란하게 만듦으로써 새로운 무역 장벽을 쌓는 결과를 낳습니다. 기후 문제와 관련해서는 유럽연합(EU)이 2026년부터 본격적으로 시행하기로 한 '탄소 국경 조정제'라는 것을 보기로 들 수 있습니다.

'탄소 국경세'라고도 불리는 이것은 유럽으로 수입되는 제품 가운데 유럽 내에서 생산한 것보다 이산화탄소를 더 많이 배출한 상품에 추가로 부담금을 물리는 제도입니다. 관세(상품을 수입하거나 수출할 때 내도록 하는 세금)의 일종인 셈이지요. 이 제도는 어떻게든 이산화탄소 배출량을 줄이려는 방안의 하나로 만들어졌습니다. 유럽연합은 이산화탄소를 많이 배출하는 업종인 철강, 시멘트, 알루미늄, 비료 등부터 이 제도를 적용할 예정입니다.

기후 위기가 깊어가는 상황에서 이 제도는 이산화탄소 배출량을 줄이는 데 도움이 될 것입니다. 하지만, 이와는 별개로 또 다른 형태의 환경 제국주의라는 비판이 제기되기도 합니다. 선진국들이 앞선 기술이나 경제력 등을 내세워 개발도상국에 불리한 조건을 강요하는 결과를 낳으니까요. 그 결과 이 제도는 개발도상국이 기술적으로나 경제적으로 선진국들에 또다시 종속되는 새로운 계기가 될 수도 있습니다. 서구 선진국 중심의 기후 위기 대응 방식이 마치 전 지구가 반드시 따라야 할 모범답안처럼 여겨질 위험도 없지 않고요.

선진국들은 다른 한편으로 자신이 이미 개발하여 생산에 활용하는 환경 기술이나 설비 등을 개도국에 팔아서 자신들의 경제적 지배력을 높이기도 합니다. 예를 들어 개발도상국들이 재생에너지를 확대하려면 풍력발전에 사용되는 터빈 등을 수입해야 합니다. 이른바 '저탄소 기술', 그러니까 이산화탄소를 덜 배출하거나 혹은 이미 배출한 이산화탄소를 흡수·저장·활용하는 기술도 도입해야 합니다.

기술, 자본, 제품 등을 손에 쥔 건 선진국들입니다. 세계적으로 기후 위기에 대응하고 각 나라가 에너지 시스템을 바꾸는 흐름 속

에서 선진국들은 이런 것을 자신의 경제적 영향력과 주도권을 더 높이는 기회로 활용하고 있습니다. 그 결과 이런 방식으로 이루어지는 환경 제국주의는 선진국과 개발도상국 사이의 환경적 부정의와 불평등을 구조적으로 더 악화시키는 구실을 하게 됩니다.

제국주의의 '환경 버전'이 '환경 제국주의'이듯이 환경 제국주의의 '기후 버전'을 '기후 제국주의'라 부를 수 있습니다. 환경 제국주의가 기후 문제를 매개체로 삼아 새로운 방식으로 작동하는 거지요. 앞서 살펴봤듯이 선진국과 강대국은 기후 위기를 일으킨 주범이면서도 그 피해를 다른 데로 떠넘기고 있습니다. 그러면서 자신들은 안전과 이득을 취하고 있습니다. 대신에 가난하고 힘없는 나라들은 기후 위기의 희생 지대, 곧 새로운 '기후 식민지'로 전락하고 있습니다. 기후마저 착취와 지배의 대상이 된 것입니다. 기후 위기가 깊어 가는 와중에 경제와 기술 등의 측면에서 개발도상국과 약소국은 선진국과 강대국에 더 깊이 종속되는 경향이 나타나기도 합니다. 이런 것이 기후 제국주의입니다. 부정의와 불평등이 사라지지 않는 한 제국주의의 질긴 생명은 끝없이 연장됩니다.

우리나라는 기후 제국주의와 무관할까요? 그렇지 않습니다. 특히 문제가 되는 것은 외국의 석탄 화력발전소 건설 사업에 투자하거나 핵 발전소를 수출하는 일 등입니다. 석탄 화력발전소는 이산화탄소를 매우 많이 내뿜는 대표적인 '기후 악당'입니다. 핵 발전소는 재앙과 죽음의 씨앗을 늘 품고 있습니다. 경제적 이익을 앞세워 기후 위기 대응을 거스르고 거대한 위험시설을 외국에 건설하는 것은 환경 가치를 거스를 뿐만 아니라 정의의 원칙과 보편적 윤리에도 어긋나는 일입니다.

우리나라는 요즘 선진국 대열에 들어섰다는 평가를 국제적으로 공인받을 정도로 눈부신 발전을 이룩했습니다. 경제 규모만 보더라도 최근 몇 년간 세계 10위에서 13위 사이를 오가고 있습니다. 우리나라도 이제 이런 국제적 위상에 걸맞은 책임을 다해야 하지 않을까요? 우리 자신은 물론 지구를 위해서도 환경 제국주의나 기후 제국주의로 비난받을 일은 삼가는 게 좋습니다. 선진국으로서 나라의 참된 품격을 높이는 길이 무엇인지를 깊이 생각할 때입니다.

개인에게 책임을 돌리지 마라

이런 경우를 가정해 볼까요? 서울에 사는 가족 4명이 부산 여행을 준비하고 있습니다. 고속철도(KTX) 요금은 2024년 기준으로 5만 9800원입니다. 그러니 왕복 요금은 한 명당 11만 9600원이 듭니다. 모두 4명이니 다 합치면 48만 원에 가깝습니다. 만약 자동차를 이용한다면 교통비가 얼마나 들까요? 자동차의 종류나 오가는 경로를 어떻게 정하느냐 등에 따라 차이는 나겠지만 얼추 20만~25만 원 정도면 됩니다. 이런 상황에서 기꺼이 기차를 타려는 사람이 얼마나 될까요? 기후 위기 시대에 자동차 이용을 줄이는 것이 좋다는 건 누구나 압니다. 그렇지만 비용을 두 배씩이나 들이면서

2028년 퇴역 예정인 무궁화호 모습. 고속철도(KTX)보다 싸게 탈 수 있는 비둘기호·통일호·새마을호를 연달아 없애 대중교통 이용 선택지가 줄어들고 있다.
(사진 출처: 위키피디아)

 자동차를 포기하고 기차를 선택하는 건 쉬운 일이 아닙니다. 착한 일, 좋은 일을 한다는 건 생각처럼 간단치 않습니다.
 기후 위기를 일으키는 에너지 낭비가 어디서 가장 크게 발생하는지도 이런 맥락에서 살펴볼 수 있습니다. 우리나라에서 에너지를 낭비하는 주범은 개인이나 가정이 아니라 기업입니다. 한국전력공사(한전) 자료에 따르면 2022년 기준으로 우리나라 분야별 전력 소비량에서 산업용 비중이 54%나 됩니다. 산업용 전력이란 제조업이

나 광업 등에서 사용하는 전력을 말합니다. 일반 주택에서 사용하는 가정용은 15%에 지나지 않습니다. 상업 건물 등에서 사용하는 일반용이 23%이고, 나머지가 기타 항목의 소비량입니다. 그러니까 산업용과 일반용을 합친 상공업용이 전체의 77%나 차지하는 셈이지요.

왜 산업 분야에서 이렇게 에너지를 많이 쓸까요? 가장 큰 이유는 우리나라 산업구조 자체가 에너지를 많이 사용하는 업종 중심으로 짜인 탓입니다. 철강, 석유화학, 조선, 반도체 분야 등이 대표적이지요. 산업용 전기 요금이 가정용을 비롯한 다른 분야의 전기 요금보다 싸다는 점도 주요 요인입니다. 1970년대부터 경제 발전과 수출 촉진 등을 위해 산업용 전기를 원가보다 싸게 공급해 온 흐름이 여태껏 이어지고 있습니다.

우리나라의 1인당 전력 소비량 자체가 상당히 많은 건 사실입니다. 국제에너지기구(IEA) 자료에 따르면 2019년 기준으로 경제협력개발기구(OECD) 38개 회원국 가운데 8위였습니다. OECD 평균보다 1.4배 많고, 세계 전체 평균과 비교하면 3배를 훌쩍 넘습니다. 일본, 독일, 프랑스, 영국보다 많지요. 하지만 여기엔 '통계의 함정'이 있습니다. 이는 산업용과 가정용을 모두 합쳐서 계산한 결과입니다. 가정용 1인당 전력 소비량만 따로 떼어서 보면 25위로 뚝 떨어집니다. OECD 평균의 59% 정도이고, 미국의 30%, 일본의 65% 수준입니다. 우리가 집에서 일상적으로 사용하는 전력 소비량은 다른 나라들보다 적다는 얘기지요. 이런 일이 벌어지는 이유는, 말했듯이 산업용 전력 소비량이 가정용에 견주어 훨씬 많기 때문입니다.

어떤 이들은 마치 일반 가정이나 개인이 전기를 너무 많이 쓰는 탓에 전력 부족 사태가 일어날 것처럼 얘기합니다. 사실이 아닙니다. 이런 주장은 에너지 문제의 책임을 개인에게 떠넘기는 결과를 낳습니다. 이는 곧 에너지를 많이 쓰게끔 틀이 짜인 경제 시스템과 산업구조, 상품 생산을 비롯한 기업의 활동 방식 등을 뜯어고치지 않고서는 전력 소비를 줄이기 어렵다는 말입니다.

쓰레기는 어떨까요? 환경부 발표 자료에 따르면 2022년 기준으로 우리나라에서 발생하는 전체 폐기물 가운데 주로 가정에서 배출하는 생활폐기물이 차지하는 비중은 12.4%(무게 기준)에 그칩니다. 나머지 대부분은 사업장폐기물(43.5%)과 건설폐기물(40.9%)입니다. 다시 말하면 일반 시민이 일상생활에서 버리는 것보다 공장이나 건설 현장 등에서 발생하는 폐기물이 압도적으로 많다는 얘기지요. 이는 쓰레기 문제에서도 개인 책임보다는 기업 책임이 훨씬 더 크다는 것을 뜻합니다. 하지만 이보다 더 깊이 새겨야 할 사실이 있습니다. 쓰레기를 많이 만들어 냄으로써만 돌아가는 성장과 개발 중심의 경제구조를 바꾸지 않고서는 쓰레기 문제를 해결할 수 없다는 사실이 그것입니다.

온실가스도 그러합니다. 개인의 책임만 강조하면 문제의 본질과 초점이 흐려질 수 있습니다. 특히 빈곤이나 불평등 문제와 기후 위기 문제를 분리할 때 이런 일이 생깁니다. 이 책에서 일관되게 지적했듯이 기후 위기의 주범은 선진국들과 부유층입니다. 더 근본적으로는 에너지를 지나치게 많이 쓰는 대량생산–대량소비–대량폐기 시스템을 기반으로 하여 돌아가는 자본주의 사회경제 체제가 문제의 핵심입니다. 이런 구조적인 원인과 잘잘못의 차별성은 따지지 않은 채 그저 개인에게만 온실가스 배출량을 줄이라고 윽박지르면 어떻게 될까요? 이는 그 자체로서 온당하지 않을뿐더러 가난한 나라가 필요로 하는 경제 수준 향상을 억누르고 가난한 이가 인간답게 살 권리를 훼손하는 결과를 낳을 가능성이 큽니다.

구조를 바꿔야 세상이 바뀐다

 그래서입니다. 경제 시스템과 사회구조를 바꾸지 않고선 기후 위기 극복을 기대하기 어렵습니다. 누구나 이미 짜인 시스템 속에서 살아갑니다. 이 구조화된 시스템은 각각의 개인을 강력하게 지배하고 통제합니다. 그 방식이 직접적이든 간접적이든, 그 사실을 의식하든 못하든 상관없이 말입니다. 개인은 이런 시스템을 어찌할 수 없습니다. 문제의 근본 원인은 시스템에 있는데 개인이 어찌할 수 없는 시스템을 놔두고서 개인만 닦달한다고 문제 해결이 제대로 될까요?
 일반 시민이 화석 에너지를 너무 많이 쓴다고 탓하는 건 쉬운 일

입니다. 아주 틀린 말도 아닙니다. 하지만 예를 들어 도로를 비롯한 교통 시스템, 이와 관련된 제도와 정책, 도시 구조 등을 대중교통이 아닌 개인 승용차 중심으로 짜 놓고선 시민 개개인에게만 에너지를 절약하고 온실가스 배출량을 줄이라고 요구하는 게 타당한 일일까요?

이런 상황도 떠올려 볼 수 있겠네요. 여기, 자동차 운전자들이 교통 법규를 상습적으로 어기는 어떤 지점이 있다고 합시다. 원인을 조사해 보니 도로 구조와 교통 신호 체계에 문제가 있는 것으로 밝혀졌습니다. 이럴 때 어떻게 하는 게 좋을까요? 운전자가 법규를 어기는 족족 법에 따라 처벌하는 것만이 능사일까요? 애초부터 법규를 어기지 않게 잘못된 도로 구조와 교통 신호 체계를 먼저 바꾸는 게 올바른 해결책이 아닐까요?

이런 질문은 또 어떤가요? 환경 위기 극복을 위해 소비를 줄이는 것이 중요하다는 건 누구나 압니다. 그런데 아무리 소비하고 싶어도 소비할 능력이 없는 이들은 어떻게 해야 할까요? 지구를 살리기 위해 소비를 줄이라는 얘기가 하루하루 생계를 잇기도 어려운 가난한 이들에겐 어떻게 다가갈까요? 본래의 좋은 뜻과는 달리 더 깊은 고통의 수렁에 빠지라는 얘기로 들릴 수도 있지 않을까요? 정작 지구를 망친 책임을 지고 진짜로 소비를 줄여야 할 이들은 따로 있는

데 말입니다. 아울러 여기서도 개인의 빈곤은 본인의 잘못보다는 사회경제 전반의 구조적인 불평등에서 말미암는 경우가 대단히 많다는 점을 언급해 둘 필요가 있겠지요.

당연한 얘기지만, 그렇다고 해서 개인들의 일상적 실천과 생활양식 변화가 중요하지 않다는 건 전혀 아닙니다. 개인적 실천은 책임이나 효과가 크든 작든 각 개인이 자기가 해야 할 일을 다하는 것이라고 할 수 있습니다. 이는 그 자체로서 중대한 뜻을 지닙니다. 우리는 모두 이 세상에 속한 자로서 지금 세상이 처한 현실에 어떤 식으로든 자기 몫의 책임을 나누어서 지고 있으니까요. 한편으로 사람들은 어떤 행동을 할 때 다른 사람들이나 주변의 영향을 크게 받기 마련입니다. 행동하는 개인이 많아질수록 이것이 불러일으키는 변화의 힘은 더욱 널리 주변으로 퍼져 나갑니다. 개인의 행동이 중요한 또 하나의 이유가 여기에 있습니다.

사실 따지고 보면 본디 제대로 된 구조의 변화는 삶의 변화와 결합할 수밖에 없습니다. 어떤 변화도 그것이 온전한 효과를 내려면 시작도 마무리도 사람과 삶이어야 하기 때문입니다. 무엇보다 구조를 바꾸는 것도 결국은 사람이 하는 일입니다. 개인의 변화와 구조의 변화는 하나의 길에서 만날 수밖에 없으며 또 만나야 합니다.

이런 얘기들을 전제하되 구조를 바꾸는 것이 중요하다고 거듭 강조하는 것은 각 개인의 착한 마음이나 행동만으로는 문제 해결에 한계가 있을 수밖에 없어서입니다. 문제 해결을 위한 책임이나 의무를 자꾸 개인의 몫으로 돌리는 것은 기존 구조에서 큰 이득을 얻는 기득권 세력이 자주 사용하는 수법이기도 합니다. 그래야 자신들이 거머쥔 특권과 특혜를 계속 누릴 수 있으니까요. 개인의 노력과 실천이 매우 중요하다는 것은 누구도 부인할 수 없습니다. 그렇지만 문제의 뿌리와 현실의 전모를 볼 줄 아는 큰 시각과 넓은 시야를 갖출 필요가 있습니다.

앞에서 살펴본 돈과 기술 중심의 기후 위기 접근법들이 안고 있는 또 다른 문제를 이런 맥락에서 짚어 볼 수 있습니다. 돈과 기술을 한껏 동원하면 사회경제 구조를 바꾸지 않고서도 위기 극복이

가능하다고 여길 수 있다는 점이 그것입니다. 게다가 이런 접근법들은 기업들의 새로운 돈벌이 수단으로 종종 활용됩니다. 기후 위기라는 재앙마저도 새로운 이윤을 만들어 내는 수단이 된다는 얘기지요. 이것이 우리가 살아가는 자본주의 사회의 고약한 속성입니다. 이런 현실이 계속되면 많은 사람이 돈과 기술이 빚어내는 장밋빛 환상에 홀려 잘못된 기존 구조에 길들거나 안주하게 될 가능성이 커집니다.

정의의 관점은 개인을 넘어 이 세상을 움직이는 근본 구조와 현실의 바탕에 깔린 본질을 직시할 것을 요청합니다. 이는 기후 위기에서도 마찬가지입니다.

경제도 달팽이처럼

이제까지의 이야기에서 알 수 있듯이 기후 위기를 이겨 내려면 에너지를 지나치게 낭비하는 사회경제 시스템을 구조적으로 바꿔야 합니다. 아울러 사람들이 살아가는 생활 방식도 변해야 합니다. 핵심은 에너지 소비를 줄이는 것입니다. 이를 위해 해야 할 일은 뭘까요?

먼저 확인할 것은 지금의 지배적인 경제는 대량생산-대량소비-대량폐기라는 '끝없는 낭비와 파괴의 악순환' 시스템을 바탕으로 해서 굴러간다는 점입니다. 그 결과 끝없는 경제성장이 한 사회의 최고 목표로 여겨지게 되었습니다. 무엇이든 더 많이 만들고 더 많이

가지고 더 많이 쓰고 더 많이 버리는 게 좋다는 고정관념이 뿌리내린 건 당연한 결과입니다. 이 악순환의 굴레에서 벗어나야 합니다.

기억해야 할 것은 이런 사회경제 시스템은 두 가지 전제 위에서만 유지된다는 점입니다. 하나는 에너지와 자원이 무한히 공급될 수 있어야 한다는 것입니다. 뭔가를 생산하려면 원재료로 쓸 자원과 이것을 만들거나 운송하는 일 등에 필요한 에너지가 반드시 투입돼야 하니까요. 다른 하나는 쓰레기와 오염물을 무한히 배출할 수 있어야 한다는 것입니다. 뭔가를 생산하거나 소비하는 과정에서, 그리고 뭔가를 생산하거나 소비하고 나면 쓰레기와 오염물이 반드시 나올 수밖에 없으니까요.

문제는 이 두 가지 전제 조건 모두 근본적으로 충족될 수 없다는 점입니다. 먼저, 자원과 화석연료 에너지원은 햇빛이나 바람처럼 재생되는 게 아닙니다. 매장량에 한계가 있습니다. 그 시점을 정확히 예측할 순 없지만 언젠간 바닥날 수밖에 없습니다. 다음으로, 쓰레기와 오염물의 무한 배출이 불가능하다는 것은 기후 위기 사태가 생생하게 보여 주고 있습니다. 온실가스야말로 인류가 배출해 온 쓰레기 가운데 가장 골치 아픈 것이고, 이것이 지구와 인류 모두를 재앙으로 몰아넣은 현실을 우리 모두 보고 있잖아요?

지구는 더 커질 수 없습니다. 고갈된 자원이나 에너지원은 다시 생겨날 수 없습니다. 이는 곧 지구와 자연에는 한계가 있다는 뜻입니다. 이 한계를 인정하고 받아들여야 합니다. 게다가 지구는 단 하나뿐입니다. 사람을 포함한 생명체가 삶을 이어갈 수 있는 행성은 이 우주에 여기밖에 없습니다. 그러므로 경제성장도, 재생 불가능한 자원과 에너지원을 쓰는 것도, 소유하고 소비하는 것도 오직 '어느 정도까지만' 좋습니다. 본질적으로 한계가 있는 세상에서 끝없는 성장과 무한한 팽창은 더는 가능하지 않습니다. 바람직하지도 않습니다.

경제가 성장하지 않는다고 해서 세상이 망할까요? 아닙니다. 어쩌면 바로 이것이 새로운 세상의 출발점인지도 모릅니다. 실제로 오늘날 많은 이가 기후 위기의 재앙을 겪으면서 성장이 늘 좋은 것만은 아니라는 사실을 깨닫고 있습니다.

현실 경제 자체에서도 경보음이 계속 울리고 있습니다. 기존 방식의 경제성장이 우리를 잘살게 해 주는 시대는 끝났다는 게 많은 전문가의 진단입니다. 주요 원인으로는 기후 재난 등 환경 위기 대응에 필요한 비용 증가, 인구 감소 추세와 노인층의 급속한 증가, 사회 불평등 심화, 원자재 가격 상승 등을 꼽을 수 있습니다. 최근엔 코로나19 전염병 사태로 세계 경제 전체가 치명적인 타격을 입었습니다. 갈수록 강대국들의 패권 다툼이 격렬해지고 국제 정세의 불안정성이 높아지는 가운데 세계적인 에너지 위기, 식량 위기, 군사안보 위기 등도 끊이지 않고 있습니다. 이 모두 세계 전체가 이미 구조적으로 이전과 같은 경제성장을 추구하기 어려운 시대에 접어들었음을 알려 줍니다. 경제성장에 대한 집착과 '성장 중독증'의 원천인 '성장의 신화'에서 어서 빨리 벗어나야 합니다.

이제 우리는 성장의 속도를 늦추고 적절한 규모의 경제로 새로운 개념의 번영을 창조해 나가야 합니다. 이것을 흔히 '탈성장(degrowth) 경제'라고 부릅니다. '탈(脫)'이라는 한자는 '벗어난다'라는 뜻입니다. 오랫동안 세상을 호령해 온 경제성장 지상주의에서 벗어나자는 거지요. 그렇게 해서 무분별한 에너지와 자원 사용, 즉 지나친 물질 흐름을 줄여 지속 가능하고도 정의로운 방식으로 자연 세계와 균형을 이루는 경제가 탈성장 경제입니다. 나아가 이 과정에서 인간의 존엄성을 갉아먹는 가난을 끝내고 삶의 질과 행복을 드높임으로써 모든 사람의 삶을 꽃피우자는 것이 탈성장 경제입니다.

여기서 두 가지 열쇳말은 '지속 가능성'과 '정의'입니다. 지속 가능성의 핵심은 자연과 생명의 가치를 존중하면서 지구의 한계 안에서 경제를 운용하는 것입니다. 이는 생태적 차원입니다. 정의의 뼈대는 부의 평등하고도 공정한 분배입니다. 이는 사회적 차원입니다. 이로써 탈성장이 이루려는 것은 경제의 풍요가 아닌 인간 삶의 진정한 풍요입니다.

  탈성장의 상징은 달팽이입니다. 달팽이는 겉껍데기를 소용돌이 모양으로 키워나가다가 일정한 크기에 이르면 더 키우지 않습니다. 껍데기를 한 바퀴 더 키우면 껍데기 크기가 갑자기 너무 커져 버리기 때문입니다. 이렇게 되면 달팽이는 그 무게를 감당할 수 없습니다. 경제도 이래야 한다는 것이 탈성장 이야기의 주장입니다. 끝없는 경제성장을 추구하는 것은 우리 자신과 지구 모두를 자멸의 벼랑으로 몰아가는 짓입니다. 일정한 규모 이상으로 경제가 성장한 뒤엔 성장을 멈출 줄 알아야 합니다. 그 토대 위에서 새로운 경제, 새로운 세상과 삶을 만들어 나가야 합니다. 이것이 기후 위기의 근원적 해법입니다.

지구도 살리고 사람도 살리고

　어떻게 해야 탈성장을 이룰 수 있을까요? 구체적인 정책 대안이나 방도는 이미 다양하게 나와 있습니다. 그중에서 기후 정의와 관련해 대표적으로 소개할 것은 스위스에서 시행하고 있는 '생태 배당' 제도입니다. '배당'이란 일정한 기준에 따라 뭔가를 나누어 주는 걸 뜻합니다. 스위스는 2008년부터 난방용으로 사용된 화석연료에 '탄소 부담금'을 부과하는 정책을 펼치고 있습니다. 이산화탄소를 배출한 만큼 일정한 금액의 돈을 내도록 한다는 얘기지요. 일종의 세금인 셈입니다. 이 부담금은 기후 위기를 맞아 정부가 정한 연도별 온실가스 감축 목표치를 달성하지 못했을 때 부과됩니다.

한데 스위스는 이 부담금을 거둬서 발생하는 수입의 3분의 2를 모든 국민에게 '탄소 배당'이라는 이름으로 되돌려줍니다. 나머지 3분의 1은 건물이나 주택의 에너지 개량 사업, 재생에너지 확대 사업 등에 사용합니다. 배당금은 이산화탄소 배출량에 따라 해마다 달라지고요. 여기서 주목할 점이 있습니다. 이산화탄소를 많이 배출한 사람은 그에 비례해 많은 부담금을 내고 적게 배출한 사람은 적게 내지만 배당금은 모든 국민에게 균등하게 배분한다는 게 그것입니다.

이렇게 하면 고소득층은 에너지를 많이 쓰므로 납부한 부담금보다 적은 탄소 배당을 받는 반면 에너지를 적게 쓰는 저소득층은 납부한 부담금보다 더 많은 탄소 배당을 받게 됩니다. 기후 위기를 일으킨 책임의 크기에 따라 의무와 혜택을 공평하게 나누는 거지요. 이렇게 함으로써 스위스는 기후 위기 극복에도 이바지하고 분배 정의도 실현하는 두 가지 효과를 동시에 거두고 있습니다.

2008년 시행 이후 에너지 소비가 30% 가까이 줄어드는 등 큰 효과를 거두자 최근엔 이 제도를 난방 연료를 넘어 자동차 연료에도 확대 적용하자는 여론이 높아졌다고 합니다. 독일, 미국 등 다른 나라에서도 이 제도의 도입을 고려하고 있다는 소식도 들리고요. 지구를 살릴 뿐만 아니라 불평등을 줄이는 데에도 도움이 되는 이런 창의적인 아이디어가 많이 나오고 널리 실행될수록 기후 정의의 깃발은 한층 더 힘차게 펄럭일 것입니다.

독일과 덴마크 등지에서 활발하게 이루어지고 있는 재생에너지 사업 방식도 눈여겨볼 만합니다. 가장 중요한 에너지인 전기를 경제 논리에만 맡겨 두면 가난한 사람은 전기를 제대로 쓰지 못할 수도 있습니다. 시장은 돈이 없는 사람에겐 전력을 제공하지 않으니까요. 그래서 일반 시민이 참여하여 공동으로 전기를 생산하고 관리하는 방법이 필요합니다. 그게 뭘까요? 적절한 대안은 시민들이 모여 직접 전력회사나 에너지협동조합을 만들어 재생에너지를 생산하고 보급하는 것입니다. 독일과 덴마크에서 특히 이런 움직임이 활발합니다. 햇빛과 바람은 화석연료나 핵에너지와는 달리 세상 어디에나 존재하므로 일반 시민들이 뜻과 힘을 모으면 이런 일을 할 수 있습니다.

여기엔 장점이 많습니다. 무엇보다 기후 위기를 이겨 내고 지구를 살리는 데 크게 이바지합니다. 참여한 시민에게도 실질적인 이득이 돌아갑니다. 에너지를 시민 주도로 지역에서 생산하고 소비하면 전기 요금이라는 돈이 바깥으로 빠져나가지 않고 지역 내부에서 돌게 되니까요. 애초 돈을 많이 벌자는 것이 핵심 목적이 아니기에 재생에너지 사업에서 나오는 수익을 지역과 주민 전체를 위해 사용할 수 있습니다. 재생에너지를 통해 내가 사는 지역의 환경, 경제, 사회, 문화 전체를 건강하고 풍요롭게 가꾸어 나갈 발판을 마련할 수 있다는 얘기지요. 기업이나 정부가 아닌 시민이 스스로 주체로 참여해서 활동하는 방식이어서 민주주의 발전과 공동체 활성화에도 큰 보탬이 되고요. 기후 정의와 탈성장의 수레바퀴는 이렇게 굴러가기 시작할 수 있습니다.

대중교통을 무료로 했더니

　우리가 일상적으로 이용하는 교통 분야에서는 어떤 대안이 있을까요? 대중교통 무료화 정책을 하나의 사례로 꼽을 수 있습니다. 최근 세계적으로 버스나 지하철 같은 대중교통을 무료로 이용할 수 있는 도시들이 늘어나고 있습니다. 예를 들어 미국 캔자스시티, 룩셈부르크 수도 룩셈부르크, 프랑스 됭케르크, 에스토니아 수도 탈린 등에서는 모든 주민을 대상으로 대중교통 무료 이용 정책을 펼치고 있지요. 대중교통 운영에 드는 비용의 상당 부분을 국가가 지원해서 승객 개인들의 버스 요금 부담을 덜어 주는 정책도 널리 시행되고 있습니다. 이 덕분에 미국이나 유럽의 많은 나라에서는 대중교통 운영 비용 중 승객이 내는 요금 비중이 40~50% 정도에 그칩니다. 이에 견주어 우리나라는 이 비중이 70%가 넘습니다.

대중교통 무료화 정책은 개인 승용차 이용을 줄이는 효과를 낳습니다. 이는 기후 위기 대응을 비롯해 환경오염 개선에 이바지합니다. 나아가 도시에 새로운 활력을 불어넣고 저소득층에게는 경제적 도움이 된다는 점 등에서도 높은 평가를 받습니다.

세계적으로 큰 관심을 끈 또 하나의 교통 정책이 있습니다. 독일에서 2022년 6월에서 8월까지 석 달 동안 펼친 '9유로 티켓' 제도가 그것입니다. '9유로 티켓'은 한 달에 9유로(우리 돈으로 약 1만 3000원)만 내면 독일 내 대중교통을 맘껏 이용할 수 있는 무제한 대중교통 이용권 제도입니다. 이 나라 수도 베를린의 평소 대중교통 월간 정액 이용권 가격 63유로(약 9만 원)에 비하면 매우 싼 편이지요.

독일 시민들은 폭발적인 호응을 보냈습니다. 이 정책이 시행된 석 달 동안 독일 전체 인구의 63%가 이 티켓을 이용했고, 그 결과 대중교통 수요가 25%나 늘었다고 합니다. 그만큼 개인 승용차 이용이 줄어든 결과 이 기간에 대기오염 수준이 6% 좋아졌고 온실가스 배출량도 크게 줄었다고 하고요. 이에 힘입어 독일은 2023년 5월부터 이 제도를 기간 제한 없이 계속 시행하기로 했습니다. 다만 티켓 가격이 지나치게 싸면 대중교통 운영 비용 부담이 너무 커

지므로 티켓 가격은 49유로(약 7만 원)로 정했습니다. 그리고 정책 성공을 위해 정부가 우리 돈으로 2조 원에 달하는 예산을 지원하기로 했다고 합니다.

우리나라에서도 '대중교통 3만 원 프리패스' 법안이 국회에 제출되기도 했습니다. 물론 이것이 실제로 시행되기는 쉽지 않을 것입니다. 그렇긴 해도 공공 대중교통 이용을 늘리는 것이 중요하다는 메시지가 더욱 많은 사람에게 알려지는 건 그 자체로 반가운 일입니다.

2024년 들어서는 대중교통비를 다양한 방식으로 할인해 주는 기후동행카드(서울), The 경기패스(경기도), K-패스(전국) 등 다양한 교통카드 정책을 새롭게 도입해 시행 중이거나 시행할 예정입니다.

온실가스를 배출하지 않는 전기차 사용이 확대되는 건 좋은 일입니다. 하지만 우리가 먼저 해야 할 일은 자동차 생산과 이용 자체를 줄일 수 있도록 교통 시스템과 도시 구조, 생활 방식 등을 바꾸는 것입니다. 생태 배당, 대중교통 무료화, '9유로 티켓' 제도 등은 기후 위기 등 환경문제뿐만 아니라 빈곤과 경제적 불평등 문제 해결에도 도움이 됩니다. 그럼으로써 이들 정책은 기후 정의와 탈성장의 길로 나아갈 구체적인 방법을 모색하는 데 요긴한 실마리를 제공해 줍니다.

'정의로운 전환'을 위하여

　기후 정의를 비롯한 환경 정의 이야기는 이른바 '정의로운 전환(Just Transition)' 이야기로 이어집니다. 먼저 이런 상황을 가정해 봅시다. 기후 위기를 극복하려면 온실가스 배출의 주범인 석탄 화력 발전소와 석유로 움직이는 기존의 자동차 등을 점점 줄이거나 없애야 하잖아요? 환경과 안전 등의 관점에서 볼 때 핵 발전소도 마찬가지입니다. 그런데 문제가 있습니다. 그렇게 되면 이들 분야에서 일하던 노동자는 어떻게 되는가 하는 점이 그것입니다. 이들 노동자의 생계와 고용 문제는 어떻게 해결해야 할까요? 지역도 문제입니다. 점점 쇠퇴해질 것으로 전망되는 화석연료 산업과 오염 유발

업종이 집중된 지역과 이곳 주민들의 미래는 어떻게 해야 할까요?

이런 문제의식에서 비롯한 것이 '정의로운 전환'입니다. 생태적 전환을 이루는 길에서 그 과정과 결과가 두루 공평하고 정의로워야 한다는 원칙에 기초한 개념입니다. 전환으로 피해를 보는 사람과 지역을 최소한으로 줄이고 이들을 위한 대책을 마련하는 것이 핵심이지요. 전환 과정에서 어쩔 수 없이 발생하는 희생이나 부담을 특정 노동자나 지역사회에 떠넘겨선 안 된다는 얘깁니다.

애초엔 기후 위기가 노동자의 일자리와 생존 문제와 직결돼 있다는 인식에서 싹텄습니다. 화석연료 산업과 에너지 다량 소비 업종에서 급격한 고용 변화가 일어나고, 나아가 이것이 이런 곳에 종사하는 노동자의 삶에 큰 영향을 미치게 된 현실을 주목한 겁니다. 정부 산하기관인 산업연구원의 조사 결과에 따르면 우리나라의 경우 석유화학, 화력발전, 핵 발전, 자동차, 철강 등의 분야에서 약 100만 명의 노동자가 에너지 전환에 따라 일자리를 잃을 위험에 처하게 된다고 합니다.

실제로 정의로운 전환 운동은 미국의 석유·화학·원자력노조(Oil, Chemical and Atomic Workers, OCAW)에서 활동했던 토니 마조치라는 사람의 아이디어로 시작됐습니다. 그는 노동운동가이면서도 노동운동과 환경운동의 연대를 중요하게 여겼습니다. 그 연장선에서 환경 파괴 산업에서 일하는 노동자의 안전과 지역 환경을 동시에 보호할 방안을 궁리했습니다.

그가 특히 주목한 것은 생태 가치를 중시하는 경제 시스템에서는 석유, 화학, 핵 발전 분야의 노동자들이 일자리를 잃을 수밖에 없는 현실이었습니다. 이에 그는 이들 노동자가 새로운 일자리를 안정적으로 구하도록 보상, 교육, 재훈련 등의 기회를 지원하는 '노동자를 위한 슈퍼펀드(Superfund for Workers)'를 만들어야 한다고 주장했습니다. 생태적 전환의 과정에서 노동자가 실업과 빈곤에 시달리고 사회적으로 방치되는 사태를 막으려면 전환에 따른 여러 부담을 사회 전체가 공평하게 떠맡아야 한다는 문제의식에 따른 것이었지요.

정의로운 전환의 개념이나 실천 범위 등은 변화와 확장 과정을 밟아오다가 2000년대를 거치면서 세계적으로 퍼져 나갔습니다. 2015년 파리협정에 관련 내용이 명확히 포함되는 뜻깊은 성과를 일구기도 했고요. 이런 흐름을 타고 최근 유럽연합은 2027년까지 약 140조 원 규모에 이르는 '정의로운 전환 기금'을 마련해 노동자와 지역사회를 위해 투자하는 사업을 추진하고 있습니다. 당사자인 노동자뿐만 아니라 지역사회와 다양한 이해당사자의 중요성을 강조하면서 이들의 연대가 정의로운 전환에서 가지는 의미를 주목하는 움직임도 나타났습니다. 최근에는 사회 전체적으로 불평등을 없애자는 전략으로까지 확장되고 있습니다.

　이렇게 보면 정의로운 전환은 단지 노동자의 고용을 보장하거나 친환경적인 일자리를 늘리는 정도에서 끝나는 것이 아님을 잘 알 수 있습니다. 이와 관련해 기후 위기 대응에서도 '기후가 아니라 시스템을 바꾸자(System Change, Not Climate Change)'라는 구호를 내세우기도 합니다. 이는 정의로운 전환 운동이 사회 전체의 변혁까지 아우르는 폭넓은 방향으로 나아가는 최근 움직임을 압축해서 보여 줍니다.

　그래서 요즘 정의로운 전환 운동을 펼치는 이들은 노동자와 지역을 지원하는 차원을 넘어 재생 가능한 생태 경제, 자원과 권력의 공평한 재분배, 문화와 전통의 존중, 공동체들의 상호 연대, 더 좋은 삶, 민주적 참여와 자기 결정 등을 통해 세상과 삶 전반을 바꾸는 것이 참된 전환이라고 목소리를 높이고 있습니다. 정의의 실천 영역도 법제도, 정책, 산업, 지역, 각각의 사업장 등을 두루 포괄해야 한다고 강조하고요. 정의로운 전환 이야기는 기후 재난과 환경 위기도, 그 극복을 위한 경제와 에너지 전환도 결국은 사람의 문제이자 삶의 문제라는 걸 일깨워 줍니다.

우리 모두 잘 살려면

우리 인류는 지난 20세기 100년 만에 그 이전 1000년 동안 사용한 에너지의 10배를 소비했습니다. 18세기까지 인류 경제는 해마다 0.05%씩 성장했다고 합니다. 한데 세계적으로 자본주의가 폭발적으로 번창하기 시작한 1950년대부터는 해마다 3.7%씩 성장했습니다. 지구는 예나 지금이나 그대로인데, 이 지구에 가해지는 부담과 압력은 짧은 시간 안에 지나치게 커지고 말았습니다. 지구가 탈이 안 난다면 그게 외려 이상한 일이겠지요. 병이 깊어질 대로 깊어진 지구가 더는 못 견디겠다고 내지르는 비명이 지금의 기후 위기입니다. 그런데도 여전히 화석연료가 세계 일차에너지(가공되거나

변환되지 않은 자연 상태의 에너지) 수요의 80% 이상을 차지하고 있습니다.

앞에서도 언급했듯이 우리나라의 책임도 만만치 않습니다. 우리나라는 2022년 기준으로 온실가스 배출량 세계 11위입니다. 1인당 배출량만 따지면 경제협력개발기구(OECD) 38개 회원국 가운데 7위입니다. 역사적 누적 배출량 비중은 1% 정도를 차지하고요. 1%라니 얼핏 작아 보이나요? 그렇지 않습니다. 이는 하위 129개 나라의 누적 배출량을 모두 합친 것과 같습니다. 순위로도 세계 17위나 됩니다. 30년 전만 해도 30위권 밖이었습니다.

2023년 6월 영국 리즈대학교 연구원들이 눈길을 끄는 연구 결과를 내놓았습니다. 온실가스를 많이 배출한 선진국들이 기후 위기를 일으킨 책임을 지고 2050년까지 개발도상국들에 지불해야 할 '기후 보상금'이 얼마인지를 국가별로 계산해 본 겁니다. 그 보상금 액수 순위를 보면 미국이 압도적인 1위이고 러시아, 일본, 독일, 영국 등이 그 뒤를 잇습니다. 우리나라는 13위입니다. 이것만 보아도 우리나라 또한 지구 기후 위기에 커다란 책임이 있다는 것을 잘 알 수 있습니다. 게다가 최근 우리나라는 국제적으로 선진국 대접을 받고 있습니다. 갈수록 책임이 더 무거워지고 있다는 얘기지요.

이제 이런 질문을 자신에게 던져 볼 필요가 있습니다. 우리가 눈부신 경제 발전의 열매로 지금 누리게 된 부는 어디서 어떻게 왔을까? 우리가 이만큼이라도 편리하고 안락한 삶을 누리게 된 건 누구 덕분일까? 나아가 그 '누구'에는 현세대 사람들뿐만 아니라 미래 세대, 자연과 다른 동식물도 포함되지 않을까?

하지만 우리는 책임감은 둘째치더라도 나한테 직접 재앙이 들이닥치지 않으면 위기가 얼마나 심각한지를 잘 느끼지 못할 때가 많습니다. 지구가 치명적으로 망가지고 있다는데 얼핏 보기엔 세상은 그냥저냥 그런대로 돌아가는 것처럼 여겨지기도 합니다. 그래서일까요? 적지 않은 사람이 기후 위기를 우리의 운명과 미래가 걸린 문제라기보다는 생활 속에서 때때로 겪는 고만고만한 불편이나 혼란 정도로 받아들이는 듯합니다.

기후 위기를 환경문제를 넘어서는 사람과 삶의 문제, 평등·정의·민주주의 등과 깊이 연관된 사회문제로 바라봐야 할 또 하나의 중요한 이유가 여기에 있습니다. 이렇게 봐야 자연 재난이라는 좁은 눈으로만 보면 보이지 않던 것들이 눈에 들어오니까요. 이를테면 해수면 상승이 지금의 나에겐 아무런 영향도 미치지 않지만 어떤 나라 사람들에겐 죽느냐 사느냐의 문제입니다. 부쩍 잦아진 여름철 폭염이나 폭우가 나에겐 조그만 불편 정도로 그치지만 어떤 사람들에겐 참을 수 없는 고통과 위험으로, 심지어는 죽음으로 다가갈 수도 있습니다. 정의의 눈으로 기후 위기를 바라보는 것, 곧 기후 정의의 관점이 필요한 까닭입니다.

이런 현실의 뿌리에 놓인 것이 불평등입니다. 우리나라는 선진국 운운하면서도 불평등 정도는 세계적으로도 매우 심한 축에 듭니다. 2023년 3월 세계불평등연구소(World Inequality Lab)에서 발표한 국가별 소득 불평등 조사 결과에 따르면, 우리나라는 소득 불평등이 나빠지는 속도가 경제협력개발기구(OECD) 38개 회원국 가운데 두 번째로 빠릅니다. 2020년 초부터 시작된 코로나19 사태를 거치면서 이런 흐름은 더욱 굳어졌습니다. 우리나라가 출생률은 세계에서 가장 낮은 반면에 자살률과 노인 빈곤율은 세계 최고 수준인 것도 극심한 불평등에서 그 근원적인 배경을 찾을 수 있습니다.

불평등을 줄여야 지구를 살릴 수 있습니다. 불평등은 짧은 기간에 소수의 사람에게만 이익을 안겨 줄 뿐입니다. 반면에 모두를 위한 지속 가능하고도 장기적인 이익은 파괴합니다. 서로 돌보고 나눌 줄 알아야 합니다. 우정과 연대와 협력을 바탕으로 정의로운 세상을 건설하지 않는다면 깊어가는 기후 위기가 이 세상과 우리를 집어삼킬 것입니다. 기후 위기를 이겨 내기 위한 노력은 우리 모두 존엄하고도 아름다운 삶을 살기 위한 싸움이기도 합니다. 사실 이 책에서 선진국과 부유층 문제를 자꾸 거론한 것은 이들에 대한 적대감을 부추기려는 게 아닙니다. 일차적으로는 지금의 기후 위기 발생과 악화에 가장 큰 책임이 있는 이들이 그 책임에 따른 의무를 다해야 한다는 점을 강조하기 위해서입니다. 하지만 궁극적으로는 우리 모두 함께 잘 살기 위해서입니다.

이제 얘기를 마무리해야겠네요. 기후 정의는 우리 시대의 가장 중요한 화두인 기후 위기와 불평등을 동시에 해결하고자 합니다. 무엇보다 기후 정의는 기후 위기를 이겨 낼 가장 올바르고도 빠른 길입니다. 기후 위기를 악화시킨 주범과 불평등 체제를 쌓아 올린 주범은 다르지 않습니다. 정의롭고 평등한 세상을 만드는 것과 기후 위기를 이겨 내는 것은 서로 긴밀하게 연결돼 있습니다. 사람을 살리는 일과 자연을 살리는 일은 하나의 길에서 만납니다.

모든 사람은 평등합니다. 사람과 사람이 관계 맺는 방식을 바꿔야 합니다. 사람은 자연에 속한 존재입니다. 사람과 자연이 관계 맺는 방식을 바꿔야 합니다. 사람과 사람의 연대, 사람과 자연의 연대가 서로 굳건하게 어깨동무할 때 기후 위기의 사나운 격랑을 헤쳐 나갈 수 있습니다. 힘들고 더뎌도 반드시 가야 할 이 길의 선두에 나부끼는 것이 기후 정의의 깃발입니다.

참고한 자료

| 단행본 |

- 구도완 외, 『환경사회학』, 한국환경사회학회 엮음, 한울아카데미, 2016.
- 권희중 외, 『10대와 통하는 기후 정의 이야기』, 철수와영희, 2021.
- 기후정의포럼 외, 『기후 정의 선언 2021』, 한티재, 2021.
- 김추령, 『내일 지구』, 빨간소금, 2021.
- 나오미 클라인, 『미래가 불타고 있다』, 이순희 옮김, 열린책들, 2021.
- _____, 『이것이 모든 것을 바꾼다』, 이순희 옮김, 열린책들, 2016.
- 사이토 고헤이, 『지속 불가능 자본주의』, 김영현 옮김, 다다서재, 2021.
- 아미타브 고시, 『육두구의 저주』, 김홍옥 옮김, 에코리브르, 2022.
- 안드리 스나이어 마그나손, 『시간과 물에 대하여』, 노승영 옮김, 북하우스, 2020.
- 에너지기후정책연구소 엮음, 『에너지 전환과 에너지 시민을 위한 에너지 민주주의 강의』, 이매진, 2016.
- _____, 『초록 발광』, 이매진, 2013.
- 요르고스 칼라스 외, 『디그로쓰』, 우석영 외 옮김, 산현재, 2021.
- 윤신영, 『1.5도의 미래』, 나무야, 2018.
- 이안 앵거스 엮음, 『기후 정의』, 김현우 외 옮김, 이매진, 2012.

- 이지유, 『기후 변화 좀 아는 10대』, 풀빛, 2020.
- 장성익, 『다시 낙타를 타야 한다고?』, 풀빛미디어, 2020.
- _____, 『사라진 민주주의를 찾아라』, 풀빛, 2018.
- _____, 『자본주의가 쓰레기를 만들어요』, 풀빛미디어, 2018.
- _____, 『탄소중립이 뭐예요?』, 풀빛, 2022.
- _____, 『환경 정의』, 풀빛, 2017.
- _____, 『환경에도 정의가 필요해』, 풀빛, 2014.
- 제이슨 히켈, 『적을수록 풍요롭다』, 김현우·민정희 옮김, 창비, 2021.
- 조너선 닐, 『기후 위기와 자본주의』, 김종환 옮김, 책갈피, 2019.
- 조지 마셜, 『기후 변화의 심리학』, 이은경 옮김, 갈마바람, 2018.
- 조천호, 『파란하늘 빨간지구』, 동아시아, 2019.
- 조효제, 『침묵의 범죄 에코사이드』, 창비, 2022.
- _____, 『탄소 사회의 종말』, 21세기북스, 2020.
- 최병두, 『녹색 전환』, 환경부 엮음, 한울아카데미, 2020.
- 케이트 레이워스, 『도넛 경제학』, 홍기빈 옮김, 학고재, 2018.
- 토다 키요시, 『환경 정의를 위하여』, 김원식 옮김, 창비, 1996.
- 티머시 미첼, 『탄소 민주주의』, 에너지기후정책연구소 옮김, 생각비행, 2017.
- 프란치스코 교황, 『찬미 받으소서』, 한국천주교중앙협의회 옮김, 한국천주교중앙협의회, 2015.
- 한재각, 『기후 정의』, 한티재, 2021.
- 호프 자런, 『나는 풍요로웠고, 지구는 달라졌다』, 김은령 옮김, 김영사, 2020.

| 언론 기사 |

- 고미혜 외, 「기후 위기 현장을 가다」, 『연합뉴스』, 2022년 기획연재 기사
- 곽노필, 「하늘길의 탄소 불평등…1% 슈퍼 여행객이 50% 배출」, 『한겨레』, 2020. 11. 29.
- 김지현, 「기후 정의란 무엇인가」, 『뉴스펭귄』, 2023. 5. 14.
- 김한솔 외, 「기후 위기 시대, 정의로운 전환을 위하여」, 『경향신문』, 2021년 기획연재 기사
- 남종영 외, 「세계는 기후 소송 중」, 『한겨레』, 2022년 기획연재 기사
- 남종영 외, 「기후 변화 쫌 아는 기자들」, 『한겨레』, 2022~2023년 기획연재 기사
- 정욱식, 「군축으로 '기후 정의 희망' 제시할 지도자는 없는가」, 『한겨레』, 2023. 5. 27.
- 조천호, 「가난하거나 어리거나…기후 위기와 불평등은 얽혀 있다」, 『한겨레』, 2022. 2. 20.
- 최우리 외, 「기후 위기와 인권」, 『한겨레』, 2021년 기획연재 기사
- 하승수, 「밀양 송전탑 사태 7년, 전기는 여전히 눈물을 타고 흐른다」, 『한겨레』, 2020. 11. 2.

* 이 책의 주요 독자가 어린이와 청소년임을 고려하여, 책 본문에서는 인용하거나 도움받은 자료의 출처를 일일이 명기하지 않은 대목이 있음을 밝혀 둡니다.